BOB DEITS

Vivir después de la pérdida

FISHER
er
BOOKS™

Published by Fisher Books
4239 West Ina Road, Suite 101
Tucson, AZ 85741
(520) 744-6110

Publishers: Howard W. Fisher
               Fred W. Fisher
               Helen V. Fisher

Editors: Howard W. Fisher
               J. McCrary

Cover Design: Carlos Valdés

Original Title: Life After Loss—
published by Fisher Books.

Translation: Ma. Eunice Barrales
for Editorial Diana, S.A. de C.V.

First published in Spanish by
Editorial Diana, S.A. de C.V.,
Mexico, D.F., Mexico.

**Library of Congress
Cataloging-in-Publications Data**

Deits, Bob, 1933-
    [Life after loss. Spanish]
    Vivir después de la pérdida /
Bob Deits.
    p. cm
    Includes bibliographical
references and index.

    ISBN 1-55561-062-5 : $12.95
    1. Loss (Psychology).
    2. Life change events.
    3. Berevement-Psychological
      aspects.
    4. Grief.
I. Title.
BF575.D35D4518   1994
155.9'43—dc20   92-30395
                               CIP

© 1994 Fisher Books
Printed in U.S.A.
Printing 10 9 8 7 6 5 4 3 2

Fisher Books are available at special quantity discounts for educa-
tional use. Special books, or book
excerpts, can also be created to fit
specific needs. For details please
write or telephone.

Este libro está dedicado:

A todas las personas valerosas, quienes, a través de los grupos de apoyo de la Iglesia Metodista Unificada de St. Paul, en Tucson, Arizona, compartieron conmigo sus vidas y pérdidas.

Al doctor Howard Clinebell, Jr., quien me enseñó los profundos significados de la atención pastoral.

A June Deits, quien desde que teníamos dieciocho años de edad, ha compartido la vida conmigo, en *lo mejor y lo adverso.*

Agradecimientos

Debo demasiado a muchas personas, quienes me ayudaron a que este libro fuera una realidad, y si hiciera una lista omitiría mencionar a alguna de ellas. Por lo tanto, agradeceré, en primer lugar, a aquellos cuyos nombres no se mencionan aunque deberían serlo. Gracias por su ayuda.

Estaré agradecido, para siempre, con Howard, Helen y Bill Fisher, de *Fisher Books.* Se dieron cuenta, en cierta forma, que en el revoltillo de palabras que era mi manuscrito original, existía la posibilidad de un libro útil. Hago extensivo este agradecimiento a todos los elementos de su personal, quienes tuvieron a su cuidado la edición de las versiones subsecuentes, de cuyo resultado final estoy agradecido.

Mike Hammond ocupa un lugar muy especial en mi afecto, por preocuparse en presentarme a los Fisher. Gracias a mi hija, Jeanne Hughes, quien habló con Mike del proyecto, y que en nuestra primera entrevista con Howard y Bill me entusiasmó para llevarlo hasta el fin.

Más de treinta personas, sumamente activas, ocuparon parte de su tiempo en las primeras versiones del manuscrito. Les agradezco haberme indicado las valiosas observaciones que se reflejan en el libro.

Al comité de relaciones de la junta parroquial y a la congregación de la Iglesia Metodista Unificada de St. Paul, que me autorizaron tiempo libre, dentro de mis deberes pastorales y administrativos, para poder dedicarme a escribir. En muchas ocasiones, mi colega en nuestra clerecía me sustituyó. Mi gratitud a todos ellos.

Envió un especial agradecimiento a mi hermano, Frank Deits, cuyo genio con las computadoras únicamente es superado por su paciencia en enseñarme el manejo de una de ellas. ¡Jamás podría haberlo hecho sin su ayuda! También agradezco a Mary Deits, la esposa de Frank, una consejera profesional, por compartir su especial comprensión de las relaciones entre el cuerpo y las emociones.

Estoy muy agradecido con todos los pioneros en el ámbito de la comprensión de la pérdida y del pesar, pero muy especialmente, con el doctor Glen Davidson, el rabino Earl Grollman, doctor en Teología, la doctora Elisabeth Kübler-Ross, el rabino Harold Kushner, el doctor Howard Clinebell, Jr. y el doctor Granger Westburg. Estas personas hicieron una gran contribución a la felicidad humana, rompiendo la barrera del silencio y haciendo del pesar algo de lo cual se pueda hablar abiertamente.

Sobre todo, agradezco a June, mi amada esposa y mejor amiga. Insistió en que yo tenía algo que decir, necesario a dar a conocer, me entusiasmó para escribirlo, hizo sacrificios tan grandes que no alcanzo a mencionar, leyó docenas de veces cada palabra, y no me dejó tranquilo hasta concluir el libro. June también comparte gratuitamente sus propias situaciones íntimas de vivir después de la pérdida, con otras personas en talleres de lectura y en las páginas de este libro.

Bob Deits.
Tucson, Arizona.

Contenido

Introducción

Este es un libro, tanto para la lectura, como para el *comportamiento.* Es acerca de la vida, la pérdida, el pesar, y vivir después de la pérdida. Le indica a usted las cosas que puede hacer para manejar sus pérdidas, controlar su pesar y aprender a disfrutar la vida de nuevo después de cualquier pérdida. Le ayudará a comprender sus sentimientos y le dará una mejor idea de lo que espera de sí mismo, cuando la vida se derrumba a su derredor.

En este libro puede encontrar un recurso disponible para ayudar a otros. Sacerdotes, consejeros, trabajadores sociales, y quienes buscan ayudar a algún miembro de la familia, o a un amigo a través de un momento de pérdida, encontrarán cosas específicas que les harán ser auxiliares efectivos.

Es un libro que usted necesita, porque:

⁓ *La pérdida es un hecho de estar vivo.*

Nadie es inmune a la pérdida. Además, tener una pérdida importante no lo prevendrá a tener pérdidas futuras. *Vi-*

vir después de la pérdida le ayudará a estar mejor preparado para enfrentar cualquier clase de experiencia de pérdida.

• *La pérdida es dolorosa más allá de las palabras.*

Nadie puede anticipar la agonía emocional y espiritual que ocasiona una pérdida importante. Puede encontrar su instinto de autoestimación, cuando todo se ha ido después de una muerte o de un divorcio. La vida puede parecer que ha perdido su significado. El mejor apoyo es un grupo de otras personas quienes también hayan experimentado la pérdida y el pesar. El Apéndice C le indicará la forma de incorporarse a un grupo.

• *El pesar fuera de control puede destruir su felicidad y su salud.*

Después de una pérdida importante, algunas veces las posibilidades de una enfermedad seria pueden ser mayores de lo normal, pero eso no tiene que ser así. Hay algunas cosas específicas que usted puede hacer para conservar su salud y recuperar su felicidad. Una de éstas es poner atención especial al cuidado de su cuerpo, mientras atraviesa el pesar. En este libro encontrará lineamientos que le ayudarán a conservar fuerte su sistema inmunológico y positivos sus estados de ánimo. El Apéndice B tiene información valiosa acerca de la nutrición en momentos de depresión.

• *Usted puede tener una vida satisfactoria y significativa después de cualquier pérdida.*

La peor de las pérdidas no es el fin de la vida para usted. El pesar siempre se refiere a la pérdida, pero también usted puede encontrar la superación.

Puede encargarse de su camino por la vida a través del

pesar, exactamente como otros lo han hecho siguiendo los pasos que se proporcionan en este libro.

Empecé a dirigir grupos de apoyo del pesar y a organizar talleres de lectura para conferencias de superación a través de la pérdida porque estaba convencido de que había mucho más qué hacer como respuesta a nuestras pérdidas, que solamente esperar y sufrir.

Entre más tiempo he estado con personas durante sus pérdidas, más convencido he estado que el pesar puede convertirse en algo positivo. El pesar no tiene que ser pasivo. No es *solamente* algo terrible que le ocurre a usted. El pesar también puede ser algo que *usted* haga para curarse por sí mismo, después de la pérdida de un ser querido, de un matrimonio, de un trabajo, de las circunstancias familiares, o de cualquier cosa que sea de importancia vital para usted.

En este libro usted encontrará que el pesar es una respuesta normal y adecuada a muchos de los eventos que ocurren en la vida.

Le ayudará a reconocer las respuestas para las pérdidas importantes que con frecuencia parecen absurdas, pero las cuales son perfectamente normales. Por ejemplo, ser olvidadizo no es enloquecer, estar furioso ante el deceso de un ser querido no está mal, y llorar es la mejor de las señales de que está actuando ¡correctamente!

La mayoría de los ejercicios que encontrará en el libro le enseñarán cómo hacer todo, desde lograr un buen sueño de noche, hasta ayudarse a llorar, y despedirse de una parte de su historia personal que ahora es el pasado.

Le enseñará cómo pedir ayuda cuando más la necesite y cómo aceptar la ayuda cuando se la brindan. También aprenderá una verdad enigmática y valiosa: mientras el pesar es una experiencia intensamente personal, abrirse el camino a través del pesar no puede hacerse solo de manera efectiva.

Miles de horas de estar involucrado con las pérdidas de otros, me han demostrado que el pesar no es feo.

Tampoco es una enfermedad como un catarro o la gripe. Recuperarse del pesar más bien es recuperar su equilibrio después de haberse derrumbado.

Este libro contiene los relatos personales de las respuestas de muchas personas a una multiplicidad de experiencias de pérdida — incluyendo las mías. Espero que cuando sepa de nosotros, estará menos nervioso acerca de sus propias pérdidas — y mejor preparado para manejar las pérdidas futuras de su vida. Hacer estas cosas, es desarrollar la *conveniencia del pesar*.

Uno de los grandes descubrimientos es que su mejor amigo, en momentos de pérdida y pesar, es ¡*usted*! Es la única persona que puede convertir el dolor de su pérdida en un *daño creativo*.

El tema de Dios y nuestras pérdidas siempre es emocionante y delicado. No intento ofrecerle una explicación de por qué Dios permite que sus seres queridos mueran, sus sueños se frustren, o por qué usted debe sufrir. En vez de eso, en este libro encontrará la ayuda para comportarse ante la dimensión espiritual del pesar como con cualquier otro aspecto de la pérdida. La religión utilizada adecuadamente puede ser una importante arma para recuperarse del pesar. Si se abusa, también puede ser un obstáculo.

Escribí este libro porque la pérdida y el pesar no son nuestros enemigos, sin embargo, la vida les teme constantemente. Hablar de pesar es una respuesta adecuada a cualquier experiencia de una pérdida importante, y es un paso importante hacia la recuperación.

La información de este libro puede darle ánimos para su vida después de una pérdida, y también le dará calidad a su vida *antes* de la pérdida.

Ya sea que este libro sea para usted, para un miembro de la familia, o para un amigo, puede ayudar a transformar sus pérdidas en experiencias de superación para avanzar hacia una vida normal y sana.

La Pérdida y la Subsecuente Aflicción

La pérdida es un hecho de estar vivo

No existe una experiencia más común o normal, que perder a alguien o algo de vital importancia para usted. Puede ser la prueba número uno de que usted es un ser vivo, hecho de carne y hueso.

Todos los días, las noticias están llenas de relatos de muerte, divorcio, quiebra de negocios, enfermedad y desastres naturales. La sección de anuncios clasificados atestigua el hecho de que existe un gran promedio de familias que se mudan una vez cada cinco años, perdiendo la relación con sus amigos, parientes y ambientes familiares.

Asombrosamente, todas estas experiencias de pérdida común, están enterradas en una conspiración de silencio. Nadie desea hablar de pérdidas.

Suponemos que las pérdidas únicamente ocurren a las personas destinadas a perder. Si nos presionan, reconoceremos que nadie vive para siempre, pero estamos alerta a decir que la muerte siempre ocurre en otra ocasión, pero no ahora.

Estamos seguros, especialmente, que la pérdida importante es algo que ocurre a otros. Jim sufrió un ataque cardiaco (en realidad fueron tres ataques en unas cuantas horas), mientras estaba en el trabajo. Sus síntomas fueron típicos y claros —súbitas palpitaciones fuertes, dolor y presión en el pecho, sudor frío y náuseas. Mientras caía tres tramos de escaleras, rechazaba la debilidad y el desvanecimiento—todo el tiempo se decía que los ataques cardiacos no le ocurrían a él. Después del ataque, recordaba que durante meses, no había querido reconocer los primeros síntomas. Jim no es distinto al resto de nosotros.

Hágase usted mismo, estas preguntas:

🙠   *¿Creo que mi esposa, mi hijo, mi padre, mi madre, o un amigo querido, podrían morir?*

🙠   *¿Cómo puedo manejar el divorcio, si nunca pensé que podía ocurrirme?*

🙠   *¿Supuse que perdería mi trabajo?*

🙠   *¿Cómo cree que sentiría si vendiera la casa en donde he vivido durante años, y me mudara a una ciudad desconocida?*

La mejor forma para manejar sus pérdidas es estar sano y feliz. Esto empieza rompiendo la barrera del silencio, y enfrentando la pérdida como una parte normal de la vida.

Ese es el propósito del libro: proporcionarle una

comprensión nueva y más profunda de las pérdidas grandes o pequeñas, de su vida. También recomienda cómo seguir su camino a través de esas pérdidas.

Cada pérdida importante causa un impacto dramático en su vida. Estas pérdidas persisten para influenciar su felicidad y su salud física, mucho más tiempo del que puede usted creer.

Pensar en enfrentar la pérdida no es agradable, sin embargo es necesario. Siempre enfrentará una pérdida. También ése es un hecho de la vida. Su familia y amigos también tendrán pérdidas.

🔸 *Todos los matrimonios terminan en muerte o en divorcio.*

🔸 *Todas las relaciones humanas que usted tiene, son temporales.*

🔸 *Todas las carreras tienen un fin.*

🔸 *No todas las metas que usted tiene en la vida se alcanzarán.*

🔸 *El proceso de envejecimiento es inevitable.*

La pérdida es una parte ineludible de estar vivo. Puede no ser justo, pero es real.

La buena noticia es que usted puede obtener una experiencia valiosa de una pérdida importante, y no dejarse destruir por ella.

Scotty tiene artritis que le ha causado invalidez. Durante años, ha estado confinada en una silla de ruedas. Sus manos están tan torcidas, que alguien debe alimentarla. Sufre dolor constante. Sin embargo, Scotty es una persona alegre, con una sonrisa encantadora, un ingenio rápido y un deseo inquebrantable de obtener de la vida todo lo que pueda.

Scotty ha derramado lágrimas incansablemente. Ella sabe lo que es perder las habilidades físicas que la mayoría de nosotros damos por hecho. Ella ha superado su pérdida y no le ha permitido destruir su espíritu ni amargarla. Scotty es una persona plenamente vital y es una inspiración para quienes la conocen.

La mayoría de nosotros aprende durante la niñez a observar la felicidad y la realización por nuestros logros. Medimos el éxito por lo que ganamos. Por todo esto, una pérdida importante puede destruir nuestra alegría.

Durante años, Jim y Jo han planeado su jubilación. Distribuyeron su presupuesto cuidadosamente; él era muy activo en su trabajo, y tuvo éxito con sus inversiones. El sueño se convirtió en realidad, cuando llegó el día de la jubilación de Jim. La casa rodante, tanto tiempo anhelada, estaba estacionada en la entrada de su cochera esperando su primera aventura en la carretera. Dos meses después, Jim murió de un ataque cardiaco masivo.

Para Randy fue una clase distinta de pérdida. Era una persona de carrera brillante, quien no había omitido nada en el camino de su ascensión hacia la cima del escalafón de la empresa. Trabajaba mucho tiempo y ganaba muy buen dinero. Cuando su esposa le reclamaba que estaba mucho tiempo fuera, él le recordaba que debía agradecer el tener una casa bonita en un barrio precioso. Habría tiempo después para divertirse. Un día llegó un hombre a la oficina para presentarle los papeles del divorcio. Cuando conocí a Randy, estaba intentando ajustarse a vivir en un apartamento, y solamente veía a sus hijos con permiso de los tribunales; estaba aprendiendo a estar soltero nuevamente, a la edad de treinta y ocho años.

Recientemente, estuve conversando con una pareja que venía del medio oeste, a la comunidad desértica en donde vivimos. Ed recibió una espléndida promoción en el trabajo completada con un incremento salarial considerable y la transferencia a la oficina local de la compañía. El disfrute de Rena y Ed, por su buena suerte duró aproximadamente un mes. Después, su sentimiento de pérdida surgió.

Perdieron su casa, sus amigos, sus parientes, y ambientes familiares. Rena aún echaba de menos el clima del cual quiso escapar. No parecía que disfrutaran su nuevo medio ambiente. Ninguna Iglesia parecía estar a la medida de la que había dejado atrás. La gente de su vecindario parecía indiferente y poco amistosa. En menos de un mes, Rena y Ed estaban hablando de empacar para regresar a su antiguo empleo, a su anterior salario, y a su antiguo clima.

El problema es que aun cuando regresen a *casa*, las cosas no serán iguales. Su sueño de una nueva vida se perderá. Su sentido de autoestimación disminuirá.

Cualquier decisión tendrá como resultado una sensación de pérdida. Que esa pareja sea feliz en su nueva casa o en su antigua ubicación dependerá de cómo maneje esta pérdida.

La palabra que describe lo que ocurre a estas personas es *pesar*. Es la misma palabra que describe la experiencia de Scotty, Jo y Randy. También describe la experiencia de usted y la mía. Con *cada* pérdida, usted experimentará pesar.

El pesar es la palabra perfecta para describir una respuesta adecuada ante la pérdida de una mascota, un sueño, un trabajo, un matrimonio, una etapa de la vida, la salud física, el medio ambiente familiar, la dignidad, un asunto amoroso, la seguridad, o cualquier otra experiencia de pérdida que usted pueda mencionar.

¡Pesar no es una mala palabra! Tampoco es una señal de debilidad, o de carencia de fe religiosa. No es algo que usted no debiera sentir. No es mejor sentir alegría que pesar. En realidad es más agradable sentir alegría—pero no es mejor. Lo mejor es sentir lo que sea adecuado en los eventos de su vida.

> *Si ocurre algo bueno o agradable, es adecuado alegrarse.*

Si usted ha experimentado una pérdida, es igualmente adecuado estar triste.

Si usted ha perdido a un ser querido, o atraviesa por alguna otra pérdida importante, los amigos bien intencionados celebrarán que usted no aparezca triste en su presencia. Si aun después de la peor experiencia de pérdida de su vida usted se conserva sin llorar en público, alguien lo alabará por *actuar tan bien*. El problema es que no llorar es una conducta totalmente inadecuada, y puede tener como resultado una enfermedad crónica o una depresión grave. Para *actuar bien* realmente, debe expresar libremente su tristeza en tanto sea para aliviarla.

Muchos estudios y encuestas han preguntado al público:

—¿Cuánto tiempo debería durar la aflicción por la muerte de un ser querido?

La más común de las respuestas fue que deberíamos terminar de afligirnos entre cuarenta y ocho horas y dos semanas ¡después de la muerte!

La investigación del doctor Glen Davidson, uno de los pioneros de la investigación del proceso del duelo, reveló que la mayoría de las personas necesitan por lo menos dos años para empezar a regresar a una vida normal después de una pérdida importante.[1]

Aún existe peligro en establecer dos años, como un lapso razonable para terminar la aflicción. Yogi Berra, el antiguo pintoresco jugador y administrador de la liga mayor de béisbol, dijo una vez que un partido de béisbol *no ha terminado hasta que esté terminado*.

Esta es la línea de conducta que sigue el proceso del pesar, después de una pérdida importante. Termina cuando terminó. He escuchado decir a alguien con frecuencia:

—¡Me alivia tanto saber que otros aún no tienen todo resuelto! Creía ser el único que aún no había manejado mi pérdida como debía.

Esto es muy poco razonable, acerca del pesar. La pérdida de cualquier clase puede ser una experiencia devastadora. En ese momento, lo último que cualquiera de nosotros necesita es una carga de culpa porque no estamos respondiendo, ¡de la manera *correcta*!

Hay una razón, si después de dos, tres, o cuatro años, aún tiene problemas con una pérdida: usted no ha terminado con su pesar. Eso no significa que usted sea débil. No hace de usted una mala persona. Solamente significa que usted debe esforzarse más para hacerlo. No necesita sentirse desconcertado o apenado por buscar ayuda para lograrlo.

Aun cuando es sorprendente el hecho de que el proceso del duelo sea tan prolongado, no es negativo o morboso. Recuerde que la presencia del pesar significa que su pérdida era significativa para usted. La tristeza y el vacío que siente son respuestas adecuadas.

Earl Grollman, consejero conocido internacionalmente, especialista en la muerte y la agonía, ha dicho que la pérdida de un ser querido es el más importante de *todos* los cambios de la vida:

—Puede mirarse en el espejo, y ni siquiera reconocer cómo luce ahora. Algo de usted se ha ido y nunca podrá recuperarse.[2]

Su pesar es un símbolo de su aprecio y un tributo a la calidad de aquel a quien se ha perdido. Yo lo animo a que lleve su pesar como si se tratara de una condecoración de honor. Cuando un ser querido muere, su pesar es el último acto de amor (posiblemente el más profundo acto de amor) que usted puede dar.

Lo mismo puede decirse para el pesar que usted sentirá si su matrimonio ha terminado en divorcio. En cualquier relación matrimonial no todo es malo. En los peores matrimonios hubo momentos compartidos que fueron buenos y significativos. Estos son los que merecen su duelo. Si no hay nada más, sus sueños destrozados merecen su llanto.

El simple hecho de que usted está divorciado, puede ser una terrible pérdida en sí mismo. Nancy me dijo:

—Creo estar de luto por el hecho de que ahora soy una divorciada. Era una etiqueta que nunca quise tener.

Tampoco hay nada malo en reconocer el significado de nuestras raíces en una ubicación conocida, doliéndose por la pérdida de esa ubicación cuando nos mudamos.

Aun las pérdidas menos significativas de su vida, rondarán en los lugares recónditos de su memoria y de sus emociones, acumulando energía hasta combinar suficiente fuerza para hacerse sentir.

¿Se ha encontrado exagerando alguna decepción? ¿Tiene momentos en que está irritable e irascible, sin saber por qué? Frecuentemente, esa conducta resulta por tener alguna experiencia de pérdida relativamente menor; pone de manifiesto la energía acumulada de algunas pérdidas enterradas en el pasado.

Nuestra comunidad desértica con frecuencia experimenta una acumulación de nubes tempestuosas en las tardes veraniegas. Algunas veces solamente provocan algo más que elevar la humedad y la aparición de suaves brisas. Sin embargo, en otras ocasiones las brisas se convierten en un viento que disemina partículas extrañas, seguido de una intensa lluvia. Los meteorólogos locales nos indican que estos monzones aparecen cuando la atmósfera ha acumulado las condiciones adecuadas y algo sirve como detonador para que se desaten.

Nuestra acumulación de las experiencias de las pérdidas es como eso. Las acumulaciones durante un tiempo hasta que algo detona la efusión de todos nuestros sentimientos reprimidos. No nos sorprendería que por una frustración aparentemente insignificante a veces el llanto se desborde de nuestros ojos.

Norman Cousins dijo:

—La muerte no es el enemigo. Lo es vivir en temor constante.

Yo podría parafrasear para decir:

—*La pérdida no es el enemigo. Lo es vivir en temor constante.*

Si empezamos a aceptar el pesar como una respuesta normal a la pérdida, se convertirá en algo que nos libere para percibir sin un sentimiento de culpa o de debilidad.

Si no es un tema prohibido, podemos empezar a romper la barrera del silencio, y el primer paso para descubrir ¡vivir después de la pérdida!

Si no consideramos el pesar como el enemigo público número uno, puede llegar a ser un amigo en un momento determinado.

[1] Glen W. Davidson, Understanding Mourning, Minneapolis, Augsburg, 1984.

[2] Earl Grollman, Time Remembered, Boston, Beacon Press, 1987.

Recuperando su Equilibrio

Recobrar su actividad

El pesar que usted experimenta después de una pérdida importante, requerirá de un tiempo para recuperarse. Sin embargo, eso no significa que su pesar sea una enfermedad. Recuperarse de su pérdida no es como de la gripe. No le ayudará tomar dos aspirinas, irse a la cama, y esperar que el pesar se aleje.

Algunas personas intentan medicarse a su manera, durante el pesar. No funciona. Pero reconoceré que es tentador. Usted puede encontrar un doctor que le prescribirá tranquilizantes para mitigar el dolor. Pero en la mayoría de los casos eso no ayuda. Y, la frecuente medicación, hace más daño que bien. Puede enturbiar sus sentimientos, causar confusión y obstaculizar la forma de superación a través de la experiencia de su pérdida.

La única ocasión para la medicación está indicada en el caso de ansiedad o depresión extremas. En estos casos, puede ser necesario como una intervención de emergencia la combinación de la medicación prescrita cuidadosamente y la psicoterapia.

Para controlar una pérdida, debe enfrentarla. Y no puede hacerlo, mientras esté felizmente tranquilizado.

Es mejor recuperar su equilibrio al estar impactado. Cuando usted sufre una pérdida importante, como una muerte en la familia, un divorcio, o una reubicación, siente como si lo hubiera atropellado un camión enorme. Lo afecta emocional, física y espiritualmente. Usted necesita recuperar un sentido de equilibrio antes que su vida transcurra en cualquier forma de plenitud.

Después de la muerte de un ser querido, las personas me dicen con frecuencia: *Estoy vencido,* o *Me dio en el blanco.* Estas no son exageraciones. Son magníficas descripciones de lo que experimentamos. Parece que la vida está hecha pedazos. Podemos volvernos desorientados y tener pérdidas de la memoria. Las personas me dicen con frecuencia, que es difícil volver al trabajo o a la iglesia.

Otras relaciones familiares se afectan, frecuentemente, en forma dramática.

ﰲ *Un divorcio puede tener como resultado, la confusión de las obligaciones entre los miembros de la familia.*

ﰲ *Después de la muerte de un hijo, usted puede discutir sus sentimientos con sus otros hijos.*

ﰲ *La muerte de su esposa puede parecer como si a ningún otro miembro de la familia le importara o lo sintiera.*

Linda y su esposo, fueron a dar un paseo al atardecer.

Hablaron de las cosas que harían cuando él se jubilara, aun cuando faltaban todavía diez años para que ocurriera. Temprano, a la mañana siguiente, ella despertó por el sonido jadeante de la respiración de él. Murió una hora después, al llegar al hospital, sin haber recuperado la conciencia.

Linda describió su reacción ante la muerte de él:

—Sentí como si un tubo de congelación rápida hubiera entrado en mi garganta y mi corazón y mis emociones se hubieran congelado. No lloré, sino hasta que el funeral terminó. Al principio no sentí ninguna tristeza en particular. Realmente, no sentí nada en absoluto. Yo era como un zombie, que me movía subsistiendo. Pero, en el interior estaba tan muerta como mi esposo.

Otras personas responden con histeria. Mary condujo a un grupo de niños del vecindario, a la heladería. Durante el trayecto, su hijo pequeño se ahogó hasta morir, en el asiento trasero. Ella no se dio cuenta de que ocurría algo malo, hasta llegar a su destino.

El día del funeral, la familia me llamó para decirme que Mary estaba respirando entrecortadamente. Tan pronto como respiraba de nuevo, gritaba histéricamente hasta que la respiración se detenía una vez más. Fui a la casa, y ordené a todos que salieran de la habitación, con excepción de Mary.

Cuando estuvimos a solas le dije que yo estaba allí para apoyarla, que comprendía la inmensidad de su pérdida y su sentimiento de culpa. Le dije:

—Mary, puede reaccionar en cualquier forma que desee ante este problema tan terrible. Para mí está bien si respira entrecortadamente, si grita, si se abandona, o moja sus pantaletas, cualquier cosa que la ayude a poder ir al funeral esta tarde. No permitiré que se dañe, y además mucha gente ayudará a arreglar cualquier desorden.

Me miró durante un largo tiempo, con los ojos muy fijos, y después rodeó mi cuello con sus brazos, sollozando sin histeria, pero con una angustia completamente adecuada a la pérdida de su bebé.

Más tarde, no podía recordar haber estado fuera de control, únicamente que se sintió mejor después de mi llegada.

No es mejor recuperar la calma o evitar el llanto. No hay nada malo en la forma como Mary o Linda reaccionaron ante sus pérdidas. Cada una respondió en la forma como se ayudaba a proteger sus emociones destrozadas. Sin saberlo, estaban empezando a recuperarse.

Durante los primeros días o las primeras semanas después de una pérdida, no es mejor ser simpático que desagradable. Su reacción inicial será involuntaria, como un estornudo causado por algo que entró en su nariz. Es un buen momento para recordar que usted no se siente siempre como en ese periodo.

Reaccionará de forma impredecible ante una pérdida importante en su vida. Estará como si le hubieran partido a la mitad de un golpe. Parecerá como si los bloques de los cimientos de su vida se hubieran hundido. Es natural esperar a que le tome un tiempo el recuperar su sensación de equilibrio.

Intente pensar en algunas pérdidas anteriores de su vida:

- *Recuerde cómo esa experiencia le dejó una sensación de vacío.*

- *Escriba algunos de los sentimientos que tuvo en ese momento. La lista de palabras que aparece en el Apéndice A le ayudará a describir esos sentimientos.*

- *¿Con quién habló usted de esos sentimientos?*

Si usted es como la mayoría de nosotros, guardará para sí mismo mucho de lo que pensó y sintió.

El pesar y la pérdida, son experiencias de las cuales no

hemos hablado con bastante exactitud. Frecuentemente, nuestra labor de recuperación es más difícil, a causa de esta consideración del silencio. Con frecuencia creemos que hay algo malo en una reacción perfectamente normal.

—¿Quiere usted decir que otras personas hacen eso? ¡Yo creí que me estaba volviendo loco!

Esta es la única cosa que he escuchado con mayor frecuencia en los grupos de apoyo del pesar. Lo cierto es que muy pocas personas experimentan una enfermedad mental durante la recuperación del pesar, sin embargo, casi todas hacen cosas absurdas. Cuando un ser amado (incluso su mascota) ha muerto, usted puede luchar con problemas de seguridad, autoestimación y depresión. Hará y pensará cosas que le parecerán extrañas, y posiblemente también a los demás.

El olvido

Durante los tres o cuatro primeros meses después de la muerte de un esposo, es muy común que el sobreviviente se vuelva olvidadizo. Los viudos me dicen que anime a las personas recién viudas a conservar un juego de llaves del automóvil, en una de esas cajas magnéticas colocadas en el guardafango de sus automóviles. Recomiendan entregar a un vecino de confianza un juego de las llaves de la casa. Escribir, en copias colocadas cerca del teléfono, hasta los números más conocidos, y conservar una copia consigo.

En dondequiera que me reúno con grupos de personas desoladas, pasamos parte del tiempo, riendo de nuestros propios olvidos. ¡Oh, sí, eso me ocurre también a mí! Cuando me trasladé a un nuevo estado, dejé las llaves del automóvil cuatro veces encerradas durante los primeros seis meses que estuvimos allí.

Usted puede encontrar que hasta las tareas rutinarias se vuelven abrumadoras. Si así es, usted forma parte de los miembros del club. Sue era una secretaria, quien fácil y correctamente escribía ochenta palabras por minuto. Un mes después de su divorcio, se lamentaba de que ni su nombre podía mecanografiar correctamente. Es un buen momento para escribir notas para sí mismo, referentes a cualquier cosa, desde los interruptores de la luz hasta los quemadores de la estufa.

Lo que le está ocurriendo es el equivalente emocional a la sobrecarga de un circuito eléctrico. Eso no es malo. Para la mayoría de nosotros es un paso necesario. Usted continuará recuperando su equilibrio. Las cosas que le ocurren ahora son parte del proceso. Conforme comprenda mejor este proceso y su significado, sentirá menor temor ante él.

Sugiero que se escriba esto en un papel, y se coloque en la puerta del refrigerador:

*   *Lo estoy haciendo bien. El pesar no me lastimará.*

*   *Lo haré, como otros lo han hecho.*

*   *No sentiré siempre igual que ahora.*

Lo que está ocurriendo es una señal del movimiento en su senda hacia la recuperación. No se está desintegrando. Se está incorporando.

No sentirá siempre igual que ahora. Usted puede superarse a través de su recuperación.

La recuperación de su equilibrio, después de una pérdida importante, sigue un patrón pronosticable. Es importante que usted lo sepa. No es que usted suba en un elevador desde el sótano del pesar hasta el último piso de la alegría. Tampoco es trepar unas escaleras con escalones firmes y con un buen pasamanos.

Por momentos, la recuperación del pesar se siente como un laberinto irreparable, que no tiene salida. En su mayor parte, es como intentar caminar por las pistas engrasadas de una montaña rusa.

El llanto

En todo el recorrido de su trayecto hacia la integridad, usted puede derramar más lágrimas de las que hubiera pensado que tenía su cuerpo. Cuatro meses después de la muerte de su esposo, una viuda decía:

—Ahora comprendo por qué el cuerpo humano se compone principalmente de agua. ¡He llorado tantas lágrimas que podría llenar una piscina!

Soy un entusiasta creyente de las lágrimas. En la pared de mi oficina, está un letrero que dice: *La Gente y las Lágrimas son Bienvenidos Aquí.* Siempre tengo una caja de pañuelos a la vista, y varias cajas más en mi armario. Cuando alguien llega para hablar acerca del rompimiento de un matrimonio o de la muerte de una esposa, o de un hijo que se ha marchado, quiero que esa persona se sienta en libertad de llorar tanto como necesite.

Usted tendrá que llorar si ha sufrido una pérdida importante dentro de los últimos tres meses a un año. Si así ocurre, no hay nada tan cierto, aunque usted sea hombre o mujer. La mayoría de los hombres crecen con el imperativo: *¡los niños grandes no lloran!* Esta es una de las partes insanas de información que nadie debía haber dado.

Llorar es una de las cosas más saludables que usted puede hacer. Los estudios han demostrado que el llanto de tristeza tiene una química distinta a la del llanto de alegría. El llanto de tristeza libera substancias con un efecto tranquilizante. No es un mito que usted se sienta mejor después de haber llorado profusamente. El llanto también es una señal de que usted está empezando el proceso de recuperación.

Jack vino a verme algunos meses después de que su esposa murió. Había estado alejado de la iglesia desde su muerte. En el pasado era raro que ambos faltaran un domingo. Me dijo que había llegado varias veces hasta la puerta de la iglesia, pero no había entrado. Cuando le surgían los recuerdos de que llegaba con Helen a su lado, y ella cantaba los himnos, empezaba a llorar. Cada vez que intentaba entrar, al llegar a la puerta se regresaba a casa para llorar solo. No quería que nadie lo viera como un *ser débil.*

Durante la conversación, me di cuenta de que rara vez había comido o dormido bien. También tenía dolores ocasionales en el pecho y reducción de la respiración.

Dije a Jack que su negación a llorar lo estaba lastimando y le impedía utilizar su capacidad para manejar la pérdida de Helen. Parecería despiadado, pero lo regañé por haber permitido que su orgullo lo alejara de la iglesia, y por su falta de confianza en el resto de nosotros, quienes estamos capacitados para ayudarlo a manejar su pesar.

Le dije que el *Salón de Lamentos* de nuestra iglesia, ubicado detrás del templo no solamente es para padres con bebés, sino para aquellos adultos necesitados de llorar y quienes se sienten incómodos al hacerlo en público. También lo animé a unirse al grupo de apoyo del pesar, en donde puede hablar y llorar con otras personas quienes lo comprenderían. Jack aceptó mis dos sugerencias.

En unas semanas más, Jack salió del *Salón de Lamentos,* y regresó a la congregación. Empezó a dormir y a comer mejor. Su salud física volvió a la normalidad.

Como Jack, usted será capaz de manejar mejor sus pérdidas, si tiene alguna idea de lo que le espera. Le ayudará saber:

૩ુ   *El llanto es una señal de curación, no de debilidad.*

૩ુ   *Usted no está solo en sus sentimientos.*

૩ુ   *El pesar le durará algún tiempo.*

*   *Usted deberá dar algunos pasos para recuperarse.*

*   *Existen señales visibles de su progreso.*

Ninguna pérdida es desconcertante. No es solamente una muerte lo que desconcierta su sentido de equilibrio. Es importante recordar que el divorcio, la mudanza, una pérdida financiera, los hijos que dejan el hogar, y la enfermedad son, entre muchas otras, experiencias que también tienen efectos devastadores en usted.

A cualquiera pueden ocurrirle esta clase de experiencias. Lo sacan de su equilibrio. Usted debe recuperar ese equilibrio antes de que la vida transcurra. Esa recuperación toma tiempo, atención y trabajo.

Su vida nunca volverá a ser tan completa como debería si no toma el tiempo para poner atención a su pesar y para hacer el trabajo después de sufrir una pérdida importante.

Pasos
Hacia
la Recuperación

Caminando por la senda hacia la integridad

Existen cuatro pasos para la recuperación del pesar. El superar estos pasos le tomará un lapso que varía de algunos meses a tres años o más. Algunos de ellos serán automáticos, fuera de su control. Otros requerirán enorme fuerza de voluntad. Estos pasos son:

- *Conmoción y torpeza.*

- *Negación y retirada.*

- *Reconocimiento y dolor.*

- *Adaptación y renovación.*

Comprender estos pasos le ayudarán a comportarse

más eficazmente con su pesar. También le capacitarán a ayudar a que sus parientes y amigos comprendan lo que está ocurriendo y cómo pueden darle su mejor apoyo.

Conmoción y torpeza

Dentro de los siete o diez primeros días posteriores a su pérdida importante, probablemente usted se sentirá impactado, conmocionado y desconcertado. Es posible que esté *congelado* o histérico. En cualquier caso, usted tendrá un momento difícil posteriormente al recordar mucho de lo ocurrido.

Su reacción es el resultado de una acción refleja que suspenderá todo su sistema emocional. Cualquiera que sea su reacción externa inicial, tendrá una cierta torpeza interna.

Quiero creer que Dios o la naturaleza proporciona un amortiguador temporal contra todo el impacto de nuestras pérdidas. Es una breve parada en un lugar de descanso, antes de empezar el largo trayecto a través de la agonía de los pesares hacia un sentimiento de alegría renovado.

El impacto empieza a disiparse unos días después de la muerte de un ser querido, cuando el funeral ha terminado y los parientes regresaron a su casa. Este es un buen momento para tener a alguien cerca de usted. Pero no es el momento adecuado para tomar cualquier decisión que tenga un impacto definitivo en su vida.

Las personas que regalan su ropa y pertenencias, deciden mudarse de sus hogares, o dejar sus trabajos, dentro de las semanas siguientes a la muerte de un ser querido, frecuentemente lamentan esas decisiones.

En el caso de divorcio, el impacto llega ya sea con el anuncio de un cónyuge al otro del deseo de divorciarse, o por verdaderas asperezas.

Un día, contesté el teléfono para escuchar la voz conocida de Jim, un amigo querido de hace muchos años.

Llamaba desde otro estado. Su voz era apaciguada cuando dijo:

—Bob, Marge quiere el divorcio. ¡Ya no quiere estar casada conmigo! Me quedé diciendo que esto no podía ocurrir a nosotros, que me despertaría en un instante. ¡No puedo creerlo!

Ahora, a mi vez, estaba asombrado. Conocíamos a Jim y a Marge desde hacía más de doce años. Compartimos muchas experiencias familiares juntos. Pensaba y creía que estas personas eran de mi propia familia. Era la última pareja de quien yo esperaba se divorciara.

Murmuré algo a Jim, acerca de decirme qué había sucedido, pero no puedo recordar lo que me dijo después de eso. Mi mente recorría las largas horas que habíamos pasado en el refugio de una montaña, hablando acerca de nuestros planes futuros —el fantástico restaurante que habíamos diseñado con los mínimos detalles; los viajes que haríamos; compartiríamos las bodas de nuestros hijos. Ahora, nada de esto ocurriría. Surgió el llanto de mis ojos.

Cuando colgué el teléfono, me senté durante varios minutos, quizá media hora o más. No lo sé, realmente. Por fin se me ocurrió que debía llamar a mi esposa, a su trabajo, para decírselo. Cuando contestó, yo difícilmente podía articular palabra. Estoy seguro que continué trabajando, pero lo hacía solamente a través de los movimientos.

El impacto de perder a nuestros amigos como una pareja casada, se exageró por la pérdida de los sueños que teníamos para el futuro. Me di cuenta de que no podía considerar este divorcio con sentido de desprendimiento profesional.

Para Jim y Marge, el impacto llegó enfrentando la realidad de los sueños perdidos. Los hijos que ambos amaban debían vivir en hogares separados. Había que dividir el patrimonio. Había que comunicárselo a los amigos y a la familia. ¡No era la forma como habían planeado sus vidas! Existía también el sentido de fracaso ineludible, el rechazo, el coraje y todas las palabras duras.

Jim y Marge me enseñaron que la conmoción y el pesar surgidos con el divorcio no son menores a los que llegan con la muerte. La disipación de la conmoción dura más o menos la misma semana. Y la completa recuperación tarda un tiempo prolongado.

El impacto que encontramos cuando nos mudamos a una nueva ciudad, surge por el primer enfrentamiento ante lo desconocido de nuestro nuevo medio ambiente. Un día, llegó a mi oficina una joven pareja, anegada en llanto, cargando un bebé. Llegaron a la ciudad unos días antes. Todo parecía estar bien. Tenían un lugar donde vivir. El empezaría el lunes su nueva transferencia de trabajo. Sus pertenencias llegaron sin deterioro.

Sin embargo, en esa especial mañana el bebé despertó con fiebre. Súbitamente la conmoción impactaba. En esta enorme ciudad no sabían por dónde empezar para encontrar un doctor. Venían de un pueblo donde vive el uno por ciento de nuestra población, en donde conocían por su primer nombre al médico, al farmacéutico, al cartero y al alcalde. Este no era su hogar, y se sentían perdidos.

En cierto grado, la conmoción seguirá a todas las experiencias de pérdida. Usted podría estar *frío y tranquilo,* como si se preparara para una cirugía —y encontrarse a sí mismo, *llegando completamente desprendido,* cuando llegaron para llevarlo a la sala de operaciones. Darse cuenta de que *eso* es realmente lo que va a suceder, puede ser una conmoción para nuestra fortaleza.

Dependiendo de la severidad de su pérdida, la conmoción puede durar desde unas cuantas horas hasta varios días. Las cosas importantes que debe saber son que:

⁌   *Es un primer paso necesario para recuperarse.*

⁌   *No durará mucho tiempo.*

   No es un momento para tomar decisiones a largo plazo.

   Es bueno que esté con usted un amigo de confianza.

   El dolor llega cuando la conmoción se va.

Negación y retirada

Cuando la conmoción se disipa, usted puede no estar listo para enfrentar la realidad de su pérdida. Deseará negar lo ocurrido con todas sus fuerzas. Nadie puede empezar a describir la increíble profundidad del dolor que usted pueda sentir cuando un ser querido muere. Si ya han tenido esa experiencia, usted lo comprende. Piense en cualquier otra pérdida personal que haya sufrido, si no ha tenido alguna experiencia causada por la muerte. Para muchas personas, la muerte de una mascota puede producir una fuerte sensación de pérdida y de pesar. Si puede recordar esa experiencia, y cómo se sintió durante las semanas siguientes, por lo menos está en contacto superficial con las experiencias profundas del pesar.

Probablemente usted no deseará enfrentar esas profundas experiencias. Rara vez nos detenemos a pensar que nuestros padres, cónyuge o hijos, morirán algún día, y la pérdida de estas personas importantes *puede* suceder durante nuestra propia vida.

En el momento del matrimonio, nadie planea un divorcio. Cuando pensamos en la reubicación, habitualmente estamos más ocupados conociendo esos nuevos lugares como para observar que los antiguos van a perderse.

No estamos listos para considerar la pérdida como una parte de la vida. Por lo tanto, cuando nos ocurre intentamos negarla. Después de una reacción inicial de: ¡oh, no!, la mayoría de nuestra negación ocurre bajo el nivel de la ignorancia.

Algunas de las señales de negación y retirada que puede esperar observar en usted mismo, son:

❧   *Sentimiento de debilidad y de energía agotada.*

❧   *Falta de apetito.*

❧   *Falta o exceso de sueño.*

❧   *Frecuente boca seca.*

❧   *Malestares y dolores físicos.*

❧   *Falta de cuidado con la higiene personal o en su apariencia.*

❧   *Fantasías acerca del difunto o de la persona divorciada.*

❧   *Esperanzas de que el difunto o la persona divorciada regrese.*

❧   *Desilusión con la nueva ciudad o con su nuevo hogar.*

❧   *Enojo.*

❧   *Ineptitud para ejecutar las tareas rutinarias.*

Todas estas reacciones son normales ante la pérdida. Usted puede experimentar una o varias de ellas a la vez. Es muy posible que usted piense que ha terminado con cualquier reacción, y regresa algunas semanas, o meses, tal vez, después.

Si usted sabe que después de una pérdida se espera la negación y la retirada, puede decirse a sí mismo:

Esta reacción es normal. Es otro paso en el trayecto a través del pesar. No me sentiré así para siempre.

He visto a muchas personas recuperar energía para la tarea de la superación, diciendo simplemente palabras como éstas.

Durante este segundo paso de la recuperación del pesar, usted puede tener problemas con sus familiares y amigos. Aun cuando estén muy próximos a usted, algunas veces no comprenderán su pesar mejor que usted. Los miembros de la familia desean que usted recupere su equilibrio, mucho más rápido de lo que usted es capaz de hacerlo. No saben qué decirle. Alguno lo esquivará.

Al mismo tiempo, usted puede encontrarse demasiado fatigado para buscar ayuda hasta para hacer una llamada telefónica. Usted quisiera que las personas la buscaran para usted. Usted quisiera superar la pérdida con esas personas muy cercanas. Los demás quisieran que usted dejara de hablar de eso. Si usted sabe que estos conflictos son normales, puede ser más paciente con usted mismo y con los demás.

Si un ser querido muere, usted puede volcar su enojo sobre el médico, el hospital, el sacerdote, o Dios. Usted puede reclamar a los demás o a usted mismo por esa muerte.

Dos meses después de la muerte de su esposo, Linda se incorporó a nuestro grupo de apoyo del pesar. Estaba llena de enojo, reclamaba a todos y a sí misma por su muerte. En un ejercicio, se escribió lo siguiente a sí misma:

Querida Linda:

¿Hiciste todo lo posible por ayudar a Earl?¿Crees todo lo que dice un médico? ¿No sabes que la mayoría de los médicos están en esto por dinero, y no para ayudar a la gente? Tomaron la salida más fácil con Earl. ¡Todos ellos quisieron solamente sus treinta monedas de plata!

Linda, ¿no crees que debías haber observado más la salud de Earl? En lugar de salir a pasear con él, podías

haberlo llevado con un especialista del corazón. Tú dices que no sabías que algo estaba mal. ¿Por qué no? Si hubieras sido un poco más observadora, mi compañera la muerte y yo no te habríamos visitado.
Sinceramente,
El Pesar.

El enojo y la reclamación de la *carta* de Linda, puede ser irrazonable, sin embargo, hay muy poco de razonable acerca del pesar en este punto del trayecto hacia la recuperación. Lea la carta de nuevo, y conforme lo haga piense en alguna pérdida dolorosa. Cambie los nombres y las circunstancias para adaptar su propia experiencia. Observe si Linda expresa sentimientos y angustia que usted mismo también ha sentido. Sepa que esta clase de reacciones son indicios de su negación ante la pérdida. Son un símbolo de su esfuerzo mental por alejarse del dolor. No está mal hacer esto. Incluso puede ser necesario para su supervivencia, durante los primeros meses, después de una pérdida importante.

Es muy valioso reconocer las señales de la negación y comprenderlas como parte de su pesar. Es un paso difícil de la recuperación, porque usted está menos capacitado para buscar que le tiendan la mano cuando más lo necesita. Otros están menos capacitados para ayudar en el momento cuando usted necesita más ayuda. Se sentirá menos aislado y desvalido si sabe bien lo que le espera.

Reconocimiento y dolor

La psicología clásica denomina a esto *aceptación y dolor.* A causa de Ann, no me refiero a este paso como *aceptación.* Ella se incorporó a nuestro grupo de apoyo del pesar, después de la muerte de su esposo, ocurrida mientras dormía. Un día yo estaba hablando acerca de aceptar nuestras pérdidas, cuando Ann me interrumpió y dijo:

—Bob, la palabra aceptación comprende cierto sentido de aprobación, y de ninguna manera aprobaré la muerte de mi esposo. Estoy lista para *reconocer* que está muerto y que no regresará pero rehuso aceptarlo o ¡aprobarlo!

Cada persona, de cada grupo, con quienes hablé estaban de acuerdo con Ann.

Reconocer su pérdida es el paso más importante de su recuperación. Es en este punto, cuando usted se encargará nuevamente de su vida y de toda la responsabilidad de sus sentimientos.

Cuando usted pueda reconocer que su pérdida es real —y permanente—, estará regresando un sentido de equilibrio notable a su vida. Representa un paso enorme a la recuperación total.

Sin embargo, reconocer su pérdida puede causarle un dolor emocional extremo. Por esta razón, no es del todo extraño que usted mismo se encuentre en periodos regresivos de negación y de retirada.

Probablemente, usted estará listo para reconocer su pérdida completa si ha tenido una pérdida por muerte o por divorcio, aproximadamente entre tres y seis meses. Sin embargo, si necesita un año o más, no será el primero a quien le ocurra. Tampoco significará que usted no lo está haciendo tan bien como cualquier otro.

Cuando Rae se incorporó a nuestro grupo, hacía dieciocho meses que había muerto su esposo. Cuando le preguntamos por qué había venido en ese preciso momento, ella respondió:

—Creí que lo estaba haciendo bien. Manejé bien el funeral, y poco después fui a trabajar. Me sentía sola muchas veces, especialmente por las noches. Pero, pensé que en todo lo estaba haciendo muy bien. Durante el último mes, en lo más recóndito de mi ser, sentí que estaba empezando. Al principio no lloré; sin embargo, ahora lo hago todo el tiempo.

Al principio, Rae no había estado lista para reconocer

la muerte de su esposo. Ahora, sí lo estaba. Para Rae era importante darse cuenta que como ahora estaba llorando, iba hacia adelante y no hacia atrás. Estaba mejor, y no peor que como había estado durante dieciocho meses. Estaba lista para entrar en acción. Durante los meses siguientes, se dedicó sólo a eso.

Si usted no ha sufrido una pérdida importante, no puede ser capaz de comprender la profundidad del dolor que conlleva reconocerla.

June, mi esposa, soportó una cirugía mayor. Yo nunca he tenido esa experiencia. Como un neófito, casi no puedo recordar el significado del dolor quirúrgico y el sentido de pérdida que lo acompaña. June los conoce. Ahora para ella, enfrentar la cirugía sería algo distinto de lo que es para mí.

El pesar es algo parecido. Cuando empecé a reunirme con grupos de viudas, tuve que decirles:

—Aquí, ustedes son las expertas. Yo soy un aficionado. Mi cuñado de seis años y mis padres murieron, me mudé a una ciudad extraña, y todos mis hijos han dejado el hogar. Puedo comprender esas pérdidas. Pero, no sé qué sentiría perder a mi esposa, ¡y no deseo saberlo! Ustedes me relatarán esa experiencia, y yo intentaré comprenderla.

Al reconocer su propia pérdida, le ayudará si recuerda que otros no pueden experimentar el dolor que usted siente. No saben lo difícil que es para usted enfrentar la realidad de lo que le ha sucedido.

No es fácil decir: *Estoy divorciado,* o *Mi hijo está muerto,* o *Esta etapa de mi vida ha terminado.* ¡Lastima! Sin embargo, no lastimará para siempre. El dolor emocional es otra de las señales de progreso para vivir plenamente una vez más. En este punto de su recuperación, es importante que con frecuencia se recuerde a sí mismo que no siempre sentirá como entonces.

Será tentador volver a un momento de negación. Puede hacerlo, y se sentirá mejor sólo por un momento. Sin embargo, la única senda hacia el equilibrio y la integridad se apoya a través del dolor del reconocimiento. Es el momento cuando un grupo de apoyo o un consejero profesional pueden ser de gran ayuda. Las personas quienes lo rodean le preguntarán:

—¿Cómo estás?

La respuesta esperada es *bien*, sin importar cómo se siente realmente en ese momento. Si no está bien, y dice la verdad, lo ignorará la mayoría de la gente como si no hubiera dicho una sola palabra.

Un consejero, o un grupo de apoyo pueden proporcionarle un lugar en donde pueda hablar libremente y saber que otras personas lo comprenden. Ahora, es muy poco más lo que usted necesita. Como este paso es muy prolongado, es sumamente importante tener un fuerte sistema de apoyo en todo su trayecto.

No estará usted sumergido en la agonía durante un año, y después despertará una mañana habiendo terminado todo. Nunca es ligera la ruta hacia la recuperación del pesar, y tiene sus altas así como sus bajas. Aquellos que han estado en esa situación nos aseguran que, lenta pero seguramente, los buenos días empiezan a ser más numerosos que los malos.

Adaptación y renovación

La primera señal de que la parte más escabrosa de su pesar ha terminado, es un cambio en las preguntas que usted hace. Desde el momento de su pérdida, la pregunta más obsesiva y persistente es:

—*¿Por qué me ocurrió esto a mí?*

El día llegará, habitualmente en un año o más, después de la pérdida, cuando surgirá una nueva pregunta:

—*¿Cómo puedo superarme, a través de este trágico acontecimiento, para ser una persona mejor?*

Cuando usted deja de preguntar *¿Por qué?*, y empieza

a preguntar *¿Cómo?*, está empezando a adaptarse a su nueva vida, sin la persona, el lugar, o la condición que ha perdido.

Preguntas que empiezan con *¿Por qué?*

Las preguntas que empiezan con *¿Por qué?*, reflejan su desesperado anhelo por encontrar significado y propósito a su pérdida. Está inquieto por lo injusto de lo que le ha sucedido. Está seguro de que hay alguna razón para eso.

> *¿Por qué mi esposo murió, si era tan buen hombre, en tanto que otros a quienes no les importa su familia viven aún?*

> *¿Por qué mi esposa prefirió a otro, cuando yo le di tanto?*

> *¿Por qué tuvimos que mudarnos a este lugar tan dejado de la mano de Dios?*

Preguntas que empiezan con *¿Cómo?*

Las preguntas que empiezan con ¿Cómo?, expresan su búsqueda por formas, para enfrentar la vida después de una pérdida. Estas preguntas incluyen cosas como:

> *¿Cómo puedo llenar el vacío que la muerte de mi esposa dejó en mi vida?*

> *¿Cómo hago para aprender de mi divorcio y no cometer los mismos errores de nuevo?*

> *¿Cómo podemos hacer amigos en nuestra nueva ciudad, para sentirnos más en casa?*

Para nosotros es difícil aceptar que, incluyendo las

muertes trágicas, algunas cosas ocurren sin algún propósito. Es fácil olvidar que la palabra *accidente* significa solamente eso, algo sucedido porque no es un mundo perfecto, con un libreto perfecto, escrito para la vida. Cuando sus preguntas empiezan a cambiar de *¿Por qué?* a *¿Cómo?*, usted está aceptando que los accidentes incluyen también su pérdida trágica.

Quiero que usted sea capaz de decir con seguridad: *La pérdida que experimenté es un importante acontecimiento en mi vida. Tal vez sea lo peor que me haya ocurrido. Sin embargo, éste no es el fin de mi vida. Aún puedo tener una vida digna y plena. El pesar me enseñó mucho, y lo utilizaré para ser una persona mejor de como era antes de mi pérdida.*

Esto no es algo fácil de expresar. Después de una pérdida importante, no es fácil pensar en esas cosas. Es más difícil decir las palabras en voz alta. No pueden precipitarse. Pero es una meta razonable y alcanzable.

Cuando usted pueda expresar esas cosas acerca de su pérdida, encontrará una energía renovada y el entusiasmo por vivir. Empezará a adaptarse a una nueva vida que no girará alrededor de su experiencia de la pérdida y del pesar. Tendrá un nuevo sentido de autoevaluación. Si usted es como la mayoría de las personas, encontrará dentro de sí mismo una nueva tranquilidad. Las pequeñeces ya no lo irritarán tanto. Se tomará a sí mismo con menos seriedad, y reirá más.

Es un buen momento, para obedecer un estímulo de cambiar de peinado o de guardarropa, ¡o ambas cosas! Tal vez sea un buen momento para redecorar una habitación, o para hacer un viaje. Es el momento para establecer sus nuevas metas, que correspondan a los siguientes dos o cinco años.

Conforme pasa el tiempo, usted se dará cuenta que su recuperación es un proceso de toda la vida para adaptarse a otros cambios y pérdidas. Como en cualquier adiestramiento, utilizando los nuevos recursos que ha aprendido a través de su pérdida, usted logrará ser cada vez mejor.

No olvidará su pérdida, siempre formará parte de la historia de su vida. Sin embargo, será capaz de pensar sin dolor en la persona, en el lugar, o en cualquier cosa que hubiera perdido.

Llegará el día en que sepa íntimamente que ha recuperado su equilibrio, que su trayecto a través del pesar ha terminado, y que está listo para lograr una vida plena y digna. Ese día será una persona más vigorosa, como nunca antes había sido.

Posdata acerca del pesar saludable contra el deformado

Espero que, después de leer los pasos hacia la recuperación del pesar, usted encuentre disminuidos sus temores. El pesar nunca lo lastimará si lo enfrenta y actúa a través de él. Los pasos descritos en este capítulo reflejan un pesar saludable y una senda normal hacia la recuperación.

El pesar es la energía nuclear de nuestras emociones. Si se comprende, respeta, activa y dirige, puede ser una fuerza creativa. Cuando el pesar está fuera de control, deformado e incomprendido, se transforma en destructivo. Igual que otras heridas, las del pesar pueden infectarse.

Por lo tanto, es importante reconocer cuando su pesar es saludable o deformado. Si usted tiene un resfrío común, sabe cómo cuidarlo. No necesita un médico o ir al hospital. Pero si el resfrío se convierte en neumonía, sería absurdo no buscar ayuda profesional.

Lo mismo es efectivo acerca del pesar. Describí los pasos hacia la recuperación, y lo que usted puede esperar de sí mismo, con su experiencia del pesar saludable. También es importante conocer las señales del pesar deformado.

Aquí se incluye una lista de síntomas que le indica todo lo que posiblemente deba manejar solo. La aparición de cualquiera de estos síntomas, está indicando el momento de pedir ayuda profesional. No es vergonzoso buscar ayuda. La única vergüenza sería que usted necesite ayuda y no la obtenga.

1. Ideas suicidas persistentes

La palabra clave es persistente. No es raro que, durante el pesar, usted tenga ideas suicidas. Pero esto debería pasar rápidamente. Si usted empieza a pensar en la ocasión y en un método específico para suicidarse, es el momento de buscar ayuda. La decisión clave del pesar saludable, es: *Viviré.*

2. Descuido en satisfacer sus necesidades básicas

Si usted mismo se encuentra cambiando sus rutinas de actividad y evitando a familiares y amigos, es el momento de buscar ayuda. El intercambio con otras personas es esencial para el pesar saludable.

También es importante tener cuidado de sus necesidades físicas incluyendo la nutrición, los líquidos, el ejercicio y el descanso. Si usted descuida a estas necesidades fundamentales, es el momento de pedir ayuda.

3. Persistencia de una reacción particular hacia el pesar

La depresión que lo inmobiliza durante semanas, es una señal de que necesita ayuda profesional. También lo es continuar negando la realidad de su pérdida, o que meses después esté insensible aún. Cualquier otra reacción de pesar muy normal, la cual persista demasiado tiempo, indica que la ayuda es conveniente.

4. Abuso repentino de substancias

Esto se relaciona con todo lo proveniente desde el uso prolongado de tranquilizantes o de pastillas para dormir hasta lo concerniente con el abuso del alcohol y de las drogas. También incluye comer demasiado o muy poco, o sobrevivir con alimentos chatarra.

5. Repetición de trastornos mentales

Las sensaciones persistentes de ansiedad, las alucinaciones o los colapsos de las funciones corporales, pueden indicar un trastorno emocional. Una buena regla empírica es: cuando usted esté incapacitado para funcionar normalmente, busque ayuda de un profesional.

Si duda en buscar ayuda psicológica, *¡hágalo!* Aun cuando su pesar sea saludable usted puede utilizar todos los recursos a su alcance, que le ayuden a recuperar su equilibrio y a rehacer su vida.

CAPÍTULO CUATRO

La Investigación Interior

El pesar es una experiencia muy personal

Para recuperar su equilibrio después de una pérdida importante y continuar una vida feliz y sana, usted necesitará buscar comprensión y esperanza dentro de sí mismo. Nadie puede dar a usted las respuestas a las preguntas que enciendan su ánimo y su mente.

La pérdida es *suya*, primero y ante todo, respecto a cualquier otro afectado. Como su pérdida es tan personal con frecuencia le resulta difícil poder comprenderlo.

También su recuperación es una experiencia personal. Como usted responda a su pérdida será en la misma forma como sus amigos y familiares manejen sus pérdidas. Pero también será únicamente suya porque usted es una persona única.

Si su cónyuge muere, usted se ocupará de los demás miembros de la familia. Después de un divorcio usted puede preocuparse del bienestar de sus hijos. Después de la quiebra usted puede ocuparse del impacto que se producirá en los demás, inversionistas. Pero su interés primordial y lo que dominará sus sentimientos es su sentido de pérdida *personal*.

Usted no preguntará:

—¿Por qué *nos* ocurrió esto?

Usted preguntará:

—¿Por qué *me* ocurrió esto?

Otros pueden darle ayuda y estímulo, pero *usted* debe encargarse de su pena y de su recuperación. Usted decide si su pérdida será una oportunidad para superarse, además de ser una ocasión de pesar.

Durante los meses siguientes a cualquier pérdida significativa, las palabras que usted utilizará con mayor frecuencia son: *yo, mi y mí*. No solamente está bien emplear estas palabras egocéntricas: es necesario.

Piense en una pérdida que experimentó alguna vez en el pasado. Si esa pérdida fue bastante grave, se convirtió en el centro de su experiencia en la vida. En cuanto a usted, no importó si el sol brillaba espléndidamente. Para usted, esos días fueron oscuros y sombríos. De nada sirvió a alguna persona bien intencionada intentar animarlo recordándole todo aquello que usted debiera agradecer. Su ser querido se había ido, ese lugar llamado hogar estaba muy lejos, o su sueño estaba destrozado. Usted no estaba en un estado de ánimo para trivialidades.

Diluviaba en su corazón y la tristeza se desbordaba por sus ojos. Las órdenes que usted mismo se daba, para tranquilizarse, no funcionaban. Había perdido algo o alguien muy importante para usted. Esa pérdida lastima más allá de las palabras.

Lo que usted deseaba sobre cualquier otra cosa era algún destello momentáneo de esperanza. Deseaba saber si había una luz al final del túnel de la desgracia. Si existía esa luz, deseaba saber si no era un próximo tren de carga con más infortunio.

Usted no buscaba respuestas a su derredor, porque estaba seguro que nadie entendía exactamente lo que estaba sintiendo. Aun cuando usted quería que alguien llegara a socorrerlo, sabía que finalmente debía actuar por sí mismo.

Estaba perdida una pieza importante de toda su estructura de la vida. No podía imaginar que volvería a ser feliz de nuevo. Sentía como si hubiera caído de un carrusel de alegría y no pudiera regresar de nuevo. No podía ver que la vida continuaría. Necesitaba con desesperación una forma de encontrar la esperanza.

Si usted ha experimentado lo que acabo de describir, comprende el verdadero significado del *pesar personal*.

Seis meses después de que su esposa muriera de cáncer, George me dijo:

—¡Nunca volveré a ser el mismo, otra vez!

El hecho es, que tenía toda la razón. Estuvieron casados cincuenta años. Ella era una persona sana el día de la celebración de sus bodas de oro. Un mes después, le diagnosticaron cáncer y a los ocho meses estaba muerta. George no había planeado que su matrimonio terminara de esta forma. Sabía que casi el ochenta por ciento de los hombres de su edad mueren antes que sus esposas. No estaba bien que ella hubiera muerto y él aún viviera. Se consideraba culpable por haberle sobrevivido.

Nadie podía decir a George que la vida sería igual de nuevo. Él buscaba un destello de esperanza. Vino a preguntarme si había aún alguna forma de vida digna para él. Le dije a George que la respuesta a esa pregunta solamente se encontraba dentro de su mente y de su alma. Todo lo que yo podía hacer era ayudarlo a aprender a buscar dentro de sí mismo y animarlo a que hiciera sus propios descubrimientos.

Durante los cuatro años siguientes, George se recuperó para aceptar una vida digna. Empezó un nuevo pasatiempo puliendo piedras, se incorporó a un grupo de baile de salón, y trabajo como voluntario en un grupo de apoyo del cáncer. Su nivel energético volvió a ser como antes de la muerte de su esposa. Comía y dormía bien. George era un hombre feliz, otra vez.

Susie me llamó, por la sugerencia de un amigo. Bill, su novio, había muerto en un accidente de motocicleta. Susie dejó su hogar cuando era una joven adolescente, se casó antes de cumplir veinte años, tuvo un hijo y se divorció. Poco después que terminara su divorcio, se fue a vivir con Bill.

Con la muerte de Bill, todos los sueños que había concebido para ella y para su hijo se habían destrozado, por segunda vez. Estaba llena de culpabilidad. Quería que Dios la castigara por su divorcio y por vivir con Bill.

Igual que para George, la vida para Susie nunca sería la misma otra vez. También Susie buscaba una señal de esperanza. La dirección de su investigación es interior, en busca de las respuestas que no encuentra en ninguna parte.

Para Susie es importante descubrir que aún es posible una vida plena para ella. Debe aceptar el hecho de que su vida es distinta a causa de sus pérdidas. Sin embargo, también necesita comprender que aun cuando su vida es diferente eso no significa que esté arruinada.

Existe vida después de la pérdida para Susie —y para usted.

Para manejar una pérdida importante, y continuar viviendo, usted debe creer que:

♣ *Usted vivirá*

♣ *Está bien que usted viva*

♣ *Usted puede ser feliz de nuevo*

Es un verdadero reto creer estas cosas cuando ha

perdido una pieza importante de su vida. No obstante, es posible, y esa creencia puede ayudarle a volver a la cúspide de la vida otra vez.

Reflexiones sobre sus pérdidas personales

Escriba estas preguntas en hojas del papel separadas. Escriba sus respuestas utilizando tantas páginas como necesite para expresar ampliamente sus sentimientos.

♣   *¿Sobreviviré a las pérdidas que he experimentado?*

♣   *¿Está bien que continúe mi vida, sin quien o aquello que perdí?*

♣   *¿Puedo ser feliz, sabiendo que mi vida será distinta a causa de mis pérdidas?*

Lea en voz alta sus respuestas, para sí mismo. Observe qué dicen acerca de sus ideas y sentimientos íntimos.

Entre más recursos utilice, incluyendo las creencias religiosas, las tradiciones familiares, y los grupos de apoyo, será más exitosa su investigación interior. Entre más comprenda lo que usted espera de sí mismo, estará capacitado para reconocer las señales de recuperación y de superación ante el pesar.

En otra hoja de papel escriba el nombre de su pérdida más reciente, el nombre de una persona, o *mi matrimonio, mi hogar*, o aquello que describa mejor la pérdida. Bajo el nombre de su pérdida importante, enliste las cosas que usted perdió como resultado de eso. Por ejemplo, si su esposo murió su lista aparecerá de la siguiente forma:

Pérdida importante

Joe, mi esposo, murió.

Pérdidas que resultaron

Seguridad económica.
Compañía.
Pérdida posible del hogar.
Sueños de la jubilación.
Lazos estrechos con la familia de Joe.
Independencia.
Sentido del valor personal.

Con frecuencia son las mismas cosas perdidas, si usted se está enfrentando ante el divorcio en lugar de la muerte.

Haga su lista lo más completa posible.

Revise todas las pérdidas que resultaron. ¿Fueron algunas de ellas más frustrantes? Si así fue, añádalas a su lista.

Observe que cualquier pérdida experimentada le originó tener una serie de pérdidas. Cada una lastima. Cada una da en el centro de cómo considera usted su felicidad y el valor de su vida.

Bill tenía treinta y dos años de edad, cuando su esposa se suicidó. El me comentó:

—No sólo perdí una esposa. ¡Con ella, todo el sentido de mi autoconsideración y todos mis planes para el futuro se fueron por tierra! Ahora, ¿qué voy a hacer?

Nancy, cuyo esposo se divorció de ella después de veintiocho años de matrimonio, dijo:

—Mi seguridad se fue con él cuando cruzó el umbral de la puerta. Tuve que encontrar una forma de ganarme la vida.

Jack perdió todo en un negocio de inversiones. Dijo:

—Antes de concebir la idea de suicidarme, aprendí a considerar de manera separada mi valor personal con relación a mis sueños de éxito.

Pérdidas menores

No todas sus pérdidas serán tan serias como la muerte de un ser querido, un divorcio, o un traslado importante. Sin embargo, aun cuando se denominen pérdidas menores, pueden tener un impacto trascendental en su vida. Después de conducir cientos de miles de kilómetros sin novedad, mi esposa June y yo tuvimos dos accidentes automovilísticos en menos de cuarenta y ocho horas. No hubo forma de evitar ninguno. El segundo, fue una colisión de frente con un camión que se atravesó en el centro de la carretera, en una curva cerrada. La cabeza de June se golpeó con el parabrisas. La miré después del impacto, y contemplé la sangre que escurría por su rostro, salpicando de rojo brillante sus pantalones blancos.

En unos instantes, personas desconocidas la subieron a un automóvil y la condujeron al hospital más cercano, a unos cuantos kilómetros de distancia. Permanecí con nuestro automóvil, esperando que llegara el comisario. No tenía la menor idea de si June estaba herida seriamente, o de cuánto tiempo faltaría para que estuviéramos juntos de nuevo. En ese momento, me di cuenta de que desconocía el nombre de los hombres quienes se la habían llevado, y June se había ido de la escena del accidente.

En el transcurso de nuestra vida conyugal, una de las frases mimosas de June era:

—Tú me cuidas bien.

Yo disfrutaba ese voto de confianza. Mientras estaba parado junto a nuestro automóvil destrozado, y anegado en llanto por el impacto y de remordimiento, decía en voz alta sin dirigirme a nadie en particular:

—No la cuidé. Mentí.

Puse en tela de juicio mi decisión de parar en una tienda, un poco antes del accidente. Quería saber si no habría alguna forma de evitar la colisión cuando yo iba conduciendo ¿Qué tal si June estaba herida seriamente? ¿Qué iba yo a hacer si moría?

Cuando recuerdo esa experiencia, puedo indentificar algunas pérdidas.

❧ *Mi identidad como protector de June.*

❧ *Mi orgullo como un experto conductor.*

❧ *Mi sentido de seguridad.*

❧ *Mi creencia de que la tragedia solamente le ocurre a otras personas.*

❧ *Mis sentimientos de controlar la vida.*

Al tener que admitir que las circunstancias de nuestra vida no siempre están bajo mi control, experimenté una intensa sensación de pesar.

Afortunadamente, June no estaba herida seriamente. El cirujano especialista únicamente le dejó una marca imperceptible en su pecosa nariz. Sin embargo, aun cuando fuimos muy afortunados, tardamos un año antes de recuperarnos de los efectos de ese simple acontecimiento en nuestras vidas.

No fue importante nuestra experiencia de pérdida. Nadie murió. El seguro pagó las reparaciones del automóvil. Continuamos viajando por carretera, igual que antes. Las pérdidas que sufrimos fueron menores a las cosas terribles que pueden ocurrir realmente. Sin embargo, fue importante para nosotros poner atención en el efecto que esta experiencia tuvo en nuestras vidas.

El descuido en reconocer estas *pérdidas menores,* es una razón por la cual las personas con frecuencia están mal preparadas cuando ocurre una pérdida importante. Reflexionar en la forma cómo las pérdidas más pequeñas afectan su vida, puede ayudarle a estar preparado para las pérdidas importantes inevitables que cualquiera puede experimentar.

Si no hay nada más, poner atención a sus pérdidas más pequeñas le ayuda a comprender que la pérdida es una parte de estar vivo. Cuando usted observa su interior para reflexionar ante una pérdida más pequeña, descubrirá recursos que le servirán en los momentos de una pérdida importante.

Cuatro Hechos Clave Respecto al Pesar

Estructurando una base para la recuperación

Conocer los cuatro hechos clave respecto al pesar, le ayudará a controlarlo. Aceptar estos hechos le ayudará a desarrollar el vigor y la paciencia que usted necesita para soportar la carga, la presión y el tiempo de su pesar. Son:

&#x1a;   *La salida del pesar es a través de él*

&#x1a;   *El peor de los pesares es el suyo*

&#x1a;   *El pesar es un trabajo difícil*

&#x1a;   *El trabajo efectivo del pesar no se ejecuta solo.*

Puede ser extraño e incómodo, para usted, aprender a trabajar con el pesar de esta manera. Posiblemente, estas ideas representan una nueva forma para que usted considere el pesar. Sin embargo, con el tiempo y la práctica, usted encontrará que estos conceptos son armas invaluables.

La salida del pesar es a través de él

¡ Este es un hecho!

Esto es lo más importante que aprender acerca del pesar. Debe conocer este único hecho, si desea recuperarse a través de su pérdida. No existen intervalos hacia una vida plena y digna después de una pérdida importante.

Como lo requiere la recuperación del pesar, usted buscará cualquier forma para continuar a través de él. Ninguno de nosotros desea enfrentar el pesar. Cuando lo experimentamos, las tendencias comunes que todos manifestamos, son hacia:

- *Intentar evitarlo*

- *Intentar olvidarlo rápidamente, y cuando nada de esto funciona...*

- *Intentar esperar que se olvide*

El tiempo cura. ¿Cuántas veces ha escuchado usted eso? Pero, ¡no es verdad! Afirmar que el tiempo por sí mismo cura, es como decir que la práctica hace la perfección. Es muy posible practicar un error perfecto. ¡Solamente la *perfecta* práctica hace la perfección! De la misma forma, únicamente el trabajo efectivo a través del pesar cura las heridas profundas, y lo capacita a usted para recuperar un sentido de equilibrio.

Aproximadamente dos meses después de la muerte de su esposo, Maggie me dijo:

—Nunca lograré olvidarlo.

Estábamos en una sesión del grupo de apoyo del pesar. Al dirigirme hacia ella, acabé diciéndole:

—Maggie, ¡tienes toda la razón! Durante los próximos cincuenta años, podrás trabajar y presionar y no lograrás olvidar la muerte de Roy. Tampoco lo obtendrás bajo o a tu derredor. Sin embargo, Maggie, siempre puedes lograrlo a través de ti misma.

Si usted está tentado a decir como Maggie:

—Nunca lograré olvidarlo.

Es válido para usted. Ha aprendido una gran verdad. Esta verdad se refleja en un antiguo canto religioso de los negros. Dice:

Es tan alto, que no puedes olvidarlo,
tan bajo, que no puedes vencerlo,
tan amplio, que no puedes evitarlo.
Debes apoyarte en él, para cruzar el umbral.

Cualquier otra verdad que revelen estas palabras, la dirán exactamente en relación con la recuperación del pesar.

Cuando usted pierde a un ser querido, atraviesa por el dolor de un divorcio, o experimenta algún otro cambio dramático en su vida, siempre formará parte de usted y de su historia personal.

Cuanto más significativa sea su pérdida, mayor será su sentido de pesar. No logrará olvidar esa pérdida —o vencerla—, tampoco hay alguna forma de evitarla. No puede esperar que se olvide. Con toda equidad, irá a través de ella. Sepa que ésta es clave para la recuperación de su pesar.

Irma, cuyo esposo había muerto diez años antes, dejó de trabajar a causa de su pesar aproximadamente seis meses después del deceso. Intentaba evadir la tristeza no hablando acerca de eso. Hasta ahora, Irma nunca ha enfrentado su enojo hacia él por haber muerto. Como resultado, su salud física y mental habían padecido. Estaba infestada por una salud deficiente y múltiples fobias. Ahora, parece que Irma no tendrá ninguna sensación perdurable de alegría durante el resto de su vida.

Si usted ha atravesado por un divorcio, sabe que una de las más grandes falsedades es que ese divorcio pondrá fin a los problemas entre los esposos. Habitualmente, el único cambio ocurrido es que no viven en la misma casa.

Si después de su matrimonio usted y su ex cónyuge peleaban y discutían, continuarán haciéndolo después de su divorcio. Si tienen hijos, estarán relacionados continuamente por el resto de sus vidas. Cuando sus hijos crezcan, tendrán que asistir a sus bodas, habrá nietos a quienes amar, y deberán acudir a los grandes acontecimientos de la vida de ellos.

La vida es demasiado corta para pasar esos años prolongando las batallas que acabaron con su matrimonio. La manera de obtener la paz es enfrentar con ecuanimidad el pesar que surge al final de un matrimonio.

Usted puede hacerlo únicamente enfrentando sentimientos muy difíciles de arrostrar. Siempre me ha parecido, que el amor propio de los esposos, es lo primero que afecta en un divorcio. Esta sola pérdida puede impactarle seriamente en su seguridad emocional. No es raro necesitar que transcurra un año, o mas, para empezar a recuperar una autoimagen saludable.

Después de dieciséis años del divorcio de una pareja, el esposo decidió acudir a un consejero. Trabajó su trayecto, a través de algunos descubrimientos de sí mismo, sumamente dolorosos. Se dio cuenta de que la manera de relacionarse con su esposa y con su familia, había contribuido al rompimiento de su matrimonio. Salió de la experiencia como un hombre que había cambiado para mejorar. Era más paciente y comprensivo. Ya no se tomaba tan en serio. Iba por la vida con un paso más ligero que antes. Está casado de nuevo, y es muy feliz.

Por toda la tristeza, es capaz de reflexionar y decir que fue algo bueno trabajar a través de su divorcio. Está agradecido pues lo motivó a superarse y a cambiar.

Su esposa, quien inició el divorcio, nunca pareció enfrentar sus sentimientos. Daba la impresión de intentar esperar que su tristeza desapareciera. Eso no funcionó. Durante tres años, después de su divorcio, continuó buscando a su ex esposo para que le diera dinero, se ocupara de las reparaciones de la casa, y le proporcionara apoyo emocional.

Finalmente, después que él volvió a casarse, regresó a la casa que habían compartido durante varios años. Parece estar aferrada aún a los símbolos de una relación que ha terminado. Intentó evitar apesadumbrarse por su pérdida. Mientras tanto, el requerimiento de la pesadumbre solamente espera ¡y aumenta!

Realizarse a través del pesar, requiere vigor y una cantidad increíble de paciencia. En algún momento, durante el trayecto usted se sentirá terriblemente triste, solo, perdido, enojado , o todo a la vez. Debe tener un fuerte sentido del propósito y de la finalidad cuando logre estar en contacto con esos sentimientos desagradables. Debe estar totalmente convencido de que la única salida de su pesar es introducirse en él.

No es raro ni anormal sentirse incómodo después de confrontar su pesar. Sería de esperarse. Pero no es peor, ¡es mejor!

Muchas veces, después de una de las reuniones de nuestro grupo de apoyo del pesar, alguno de los participantes llama para decir:

— Me siento peor cuando me voy que cuando llego.

Con frecuencia, el interlocutor se impacta cuando respondo:

—¡Qué bueno para usted! Significa que se está superando.

Sentirse mejor llega un día, una semana, o algunos meses después. Si usted está trabajando a través de una pérdida importante y se siente cómodo, es una señal de peligro. Es el momento de verificar si está intentando eludir, ahondar, o eliminar su pesar. El hecho es, que: ¡usted no puede hacerlo!

Realizarse a través de la experiencia es la única salida definitiva y saludable del pesar.

A través de este libro usted encontrará ejercicios que le proporcionan formas efectivas para manejar los sentimientos que surgen cuando actúa a través de su pesar, y para establecer una nueva vida después de su pérdida.

El peor de los pesares es el suyo

¿Cuál es la peor experiencia del pesar? ¿Es más difícil para la viuda si su esposo muere súbitamente de un ataque cardiaco? O, ¿es peor si muere de cáncer, poco a poco? ¿Es peor perder una esposa por muerte, o un matrimonio por divorcio? ¿Es la muerte de un hijo la peor de todas las pérdidas?

Lo cierto es que todas estas preguntas están fuera de lugar. El peor de todos los pesares, ¡es el suyo!

Durante el invierno de 1984 ocurrieron dos desastres, cada uno de los cuales causó un impacto en mi vida. Primero, un gran número de hombres murió en un accidente minero en Utah. Esa tragedia encabezó los periódicos de todo el país. La otra, fue que debimos sacrificar a nuestra gata siamesa de quince años de edad, porque desarrolló cáncer en uno de sus ojos.

¿Sabe usted cuál de estos acontecimientos causó que me anegara en llanto? Usted lo sabe, ¡la gata!

No hay ninguna comparación entre la pérdida de la vida humana y el fin de una gata vieja y semiinválida. Pero, Samantha era *mi* gata. Yo la amaba. Era una parte permanente de nuestra historia. Su pérdida no fue algo convencional. No miraré en la televisión o en los relatos periodísticos que digan acerca de su muerte: *¡...una desgracia!*, y continuar con la página deportiva. Ella era mía. Su pérdida me hundió en el pesar.

Permanecí en la habitación del frente de nuestra casa, mientras mi esposa salía hacia el veterinario en donde la gata soportaría esa acción cobarde. No pude ir a ese consultorio y deshacerme en llanto. Todos saben que los chicos grandes, especialmente los clérigos profesionales, no hacen esa clase de cosas. Así que dejé que mi esposa ¡lo hiciera! Brevemente abracé a Samantha, le hice cosquillas abajo de su barbilla en la forma que le gustaba tanto, después la llevé al automóvil en donde June estaba esperando.

Mientras se alejaba yo gemía y sollozaba, gritando y repitiendo una y otra vez:

—Quiero a mi gatita. ¡No quiero que muera!

En ese momento ésa era mi pérdida, hasta donde a mí me interesaba era lo peor que estaba ocurriendo en todo el mundo. No quería que me dijera qué formidable había sido que no sufriera, o hasta dónde había llegado la expectativa de su vida normal.

No era muy objetivo, comparando la pérdida de Samantha, respecto al desastre minero o a la pérdida de mis padres, hacía algunos años, o las muertes masivas de hambre en el tercer mundo. Así es el pesar. No ayudaba decir:

—¡Te comportas infantilmente por la pérdida de esa gatita!

He tenido momentos profundos de pesar muy profundos. Una niña vecina, quien creció pasando mucho tiempo en nuestra casa como si fuera la suya, se suicidó a los diecinueve años de edad. Mi padre y mi madre murieron. He estrechado la mano de amigos al momento de su muerte, he bautizado niños nacidos muertos, ayudé a familiares a decidir cuándo desconectar sistemas de vida artificial, y trabajé con padres cuyos hijos habían sido asesinados.

Cada una de esas experiencias fueron muy dolorosas.

Sin embargo, en el momento cuando mi gata murió, el pesar que sentí fue el peor de todos los pesares del mundo entero.

Piense acerca de su propia experiencia. Tal vez vendió una casa y compró otra. Estaba muy excitado mientras el día de la mudanza se aproximaba, únicamente para encontrarse a sí mismo parado en la vieja casa vacía, después que salió la última caja, agobiado con un sentido profundo de pérdida y de tristeza. Como alguna vez un hombre dijo:

—Es como si te hubieras divorciado de tu casa.

El sentimiento de tristeza es pesar. Y, en ese momento, para usted es el peor de todos los pesares porque es el suyo.

La muerte de cualquiera de los miembros de la familia de más edad, lastima porque es su pérdida. El padre del rabino Earl Grollman tenía más de noventa años de edad. Estaba inválido y confinado en un asilo. Cuando murió, un amigo bien intencionado comentó a Earl:

—Tuvo una larga y digna vida. ¿No te alegra que su sufrimiento ahora haya terminado?

Earl cuenta que replicó, con una voz que no disimulaba su enojo:

—No comprendes. *¡Mi papacito está muerto!*

Nunca se disculpe por apesadumbrarse. Recuérdese a sí mismo, tanto como lo necesite, que el peor de los pesares es el suyo.

Aprenda a reconocer que su pérdida amerita el pesar. Cualquiera que sea su experiencia, necesita soportar sus verdaderos sentimientos de tristeza y enojo en el trayecto hacia la recuperación de una vida plena una vez más. Si usted será una persona mejor realizándose a través del pesar, no puede interesarle cómo debe sentirse en ese trayecto.

Cuando Phyliss llegó a nuestro grupo de apoyo del pesar, había perdido a su hija, a su yerno, y a tres nietos en un horrible asesinato masivo. Su esposo murió de cáncer dos años después. En contraste, Susan vino únicamente porque su padre viudo necesitaba que ella le acompañara. El murió un año después. Susan continuó viniendo sola después del funeral. Un día ella dijo:

—Me siento culpable por estar triste. Mi pérdida es muy pequeña comparándola con la de Phyliss.

Lastima perder personas, lugares y cosas importantes en su experiencia de la vida. La respuesta correcta y adecuada es el pesar. Si usted no reconoce su pérdida y empieza a trabajar a través de ella, aun las más pequeñas experiencias de pesar empiezan a acumularse. Se convierten en facturas que deben pagarse y redituando intereses.

La pérdida permanecerá con usted en tanto continúe diciéndose a sí mismo que no debe sentir como lo está haciendo, o finja que no lastima. La recuperación empieza cuando usted admite que no importan las demás tragedias en el mundo, pues en ese mismo momento el peor de los pesares es el suyo.

Usted no debe una disculpa ante sus amigos, familiares, o ante Dios porque le apesadumbre la pérdida de alguien o de algo. Si otros lo comprenden, qué bien. Si no, es una lástima.

La salida de su pesar es a través de él. Y el trayecto a través de él empieza reconociendo que su pérdida amerita pesar, aun cuando se trate de una vieja gata.

El pesar es un trabajo difícil

Realizarse a través del pesar se denomina *hacer el trabajo del pesar.* Yo lo valoré completamente hasta que me sumergí en las experiencias de pesar de otras personas. La mejor forma para describir las cosas que soportará es la palabra *trabajo.* Apesadumbrarse es trabajar. Es el trabajo más difícil que ejecutará cualquiera de nosotros.

Considerar el pesar como un trabajo le ayudará a no

intentar esperar que termine. Le ayudará a observar que los demás son responsables de que usted sienta plenamente de nuevo.

Algunas tareas no pueden encomendarse a nadie más. Nadie puede hacer el trabajo de reconocer qué significa la muerte de su ser querido para usted. Nadie más puede ejecutar la difícil tarea de despedirse y dejar a esa persona, a esa relación, o a esa parte de su cuerpo, o lo que haya perdido. Usted deberá hacerlo por sí mismo.

La siguiente imagen, me ayuda a comprender la dimensión del trabajo del pesar:

Supongamos que usted ha invitado a un grupo de amigos a cenar espagueti. Fue una velada encantadora, pero ahora sus invitados ya se han ido a casa. Se dirige hacia su cocina y va dejando los platos allí. Esos platos de salsa de tomate se han convertido en recipientes pegajosos y forman uno de los espectáculos ¡más feos del mundo!

Usted está cansado, y con el estado de ánimo para hacer cualquier cosa excepto lavar platos. Ahora tiene usted dos opciones básicas: puede dejar todo ese revoltijo para la mañana siguiente. O, puede lavar los platos ahora haciendo caso omiso de cómo se siente.

El momento actual es más agradable, si los deja. De hecho el equilibrio de la velada puede ser delicioso, y el descanso de su noche será placentero. Pero, al llegar la luz del día... ¡allí están! Ahora, esos platos son más feos que nunca y lo enfrentan con mudo desdén.

Ahora la tarea es más difícil aún. La amenidad de la cena ha desaparecido, y se ha olvidado pues usted enfrenta la misma decisión otra vez: ¿los lava ahora, hace a un lado la desagradable tarea hasta más tarde, o espera que el duende goloso llegue y los lave?

Si usted elige lavarlos inmediatamente después de terminar de cenar, sus invitados querrán ayudarlo, si tiene suerte. En las peores circunstancias, ha pasado una noche muy ardua, y se irá a dormir exhausto. Pero la tarea estará terminada cuando amanezca. Usted puede tomar el sol del nuevo día con el entusiasmo de una velada agradable y el reconocimiento de haber realizado un buen trabajo ante una tarea difícil.

El trabajo del pesar se asemeja mucho a esta imagen. Hay un trabajo que usted debe hacer en un momento en el cual se siente como para no hacer nada en absoluto. El trabajo del pesar puede diferirse. Por un momento, usted se sentirá mejor evitando algunos sentimientos y sin hablar de algunas cosas. Pero, habrá algún día cuando usted despierte y observará que sus sentimientos todavía están allí, y que aún necesita hablar de algunas cosas con alguien que comprenda y a quien le importe.

Como la cena de espagueti, si su espera se prolonga el trabajo del pesar se vuelve más difícil y desagradable. El pesar no es una enfermedad. Sin embargo, si usted intenta eludir el trabajo del pesar es posible que llegue a enfermar.

La investigación del doctor Glen Davidson demuestra que el veinticinco por ciento de aquellos quienes se lamentan experimenta una dramática disminución en el sistema inmunológico de sus cuerpos, de seis a nueve meses después de su pérdida. La carencia de inmunidad en parte se explica por el alta tasa de enfermedad cuando estamos apesadumbrados.

La investigación demostró también que esta deficiencia del sistema inmunológico puede evitarse totalmente. Usted estará bien, si realiza el trabajo de la pesadumbre incluyendo el cuidado de sus necesidades físicas y emocionales.

Lo primero que usted necesita es un grupo de apoyo con el que pueda hablar libremente. Después, usted pondrá cuidado en los alimentos que come, en la cantidad y en la calidad de los líquidos que bebe, practicando el ejercicio adecuado, y descansando bastante.[1]

Es un trabajo difícil. Hay mucho que hacer y solamente usted puede hacer gran parte de él.

El trabajo efectivo del pesar no se ejecuta solo

Uno de los peores mitos que escuchará acerca del pesar es el siguiente:

*   *El pesar es algo tan personal que debe guardarse para usted mismo*

Otro es:

*   *Nadie más puede ayudarlo. Usted debe manejar su propio pesar*

¡Nada podía estar más allá de la verdad!

Otro hecho de la vida y de la pérdida es que el trabajo efectivo del pesar no se ejecuta solo.

Su pesar nunca será un asunto privado. Necesita de otras personas tanto como del aire para respirar. Necesita hablar de sus experiencias y sentimientos. Necesita escuchar a otros compartir lo que les ocurrió. Hay más que bienestar en esa participación. Existe la fortaleza para soportar el alcance y la carga de su pesar.

Si guarda su pesar para usted mismo, corre un riesgo innecesario que puede llegar a deformarse. Después de haber asistido en dos ocasiones a nuestro grupo de apoyo del pesar, Joe se retiró. Dijo que no estaba dispuesto a llegar todas las semanas para llorar ante un montón de mujeres. La última vez que supe de él, aún luchaba con vértigos y úlceras. Antes de que se cumpliera un año de la muerte de su esposa, se casó de nuevo. Su actual esposa ha venido a verme varias veces, para hablar acerca de su mal humor. Joe se niega a venir con ella.

Jane nunca pudo decir al grupo que su matrimonio no fue el romance idílico que habría deseado. Vecinos y amigos conocían las fuertes disputas y los problemas de alcoholismo. Sin embargo, después de la muerte de su esposo, hablaba acerca de su relación como si hubiera sido una obra celestial. Nueve meses después se volvió cada vez más hostil y renuente a compartir sus sentimientos. Su participación en el grupo se limitó a proporcionar consejo a los demás. Poco después, se retiró para siempre. Durante algún tiempo asistió a otros grupos del pesar de la ciudad, pero ninguno le satisfizo. Cuatro años después de la muerte de su esposo, Jane todavía era una persona muy amargada e infeliz.

El hecho más triste acerca de Joe y Jane es que sus problemas pudieron evitarse. Usted puede realizarse a través de su experiencia del pesar, y resultar una persona sana. Sin embargo, para hacerlo debe haber otras personas involucradas en su vida y en su pesar.

El poder de las experiencias compartidas

Existe un apoyo enorme estando con otros quienes también han experimentado la pérdida. Los grupos de apoyo del pesar son mis favoritos en nuestra iglesia. No he visto en ninguna otra parte que la barrera de la edad desaparezca tan rápidamente. Hay algo muy especial cuando se observa cómo se apoyan entre sí una joven madre de un bebé recién abortado y una anciana viuda de ochenta años de edad.

No puedo imaginar un grupo de personas más abierto y solícito en ninguna parte. Aquellos quienes manifiestan su propio pesar tienen una sensibilidad especial hacia los demás. Parece que presienten el momento adecuado para decir algo a la persona recientemente acongojada, y la ocasión en la cual las palabras tampoco son necesarias o convenientes.

Usted no se abatirá por involucrarse con el pesar de otras personas. Cuando empecé a trabajar con personas afligidas, me di cuenta que cada una de ellas tenía suficiente angustia que soportar por sí misma. Creí que si se involucraban con otras personas recientemente acongojadas harían peor su propio pesar. ¡Estaba equivocado!

Cuando usted aprende a tender la mano a los demás descubrirá que se está superando intensamente. Usted hará mejor el trabajo de su pesar cuanto más social sea. Se adaptará con más efectividad a su propia pérdida cuando hable más públicamente de su pesar, escriba más cartas refiriéndose a él, y lo comparta con los demás. Nadie dice que sea fácil. Solamente es necesario.

Los hombres y el pesar

Al parecer, los hombres tienen más dificultad para compartir las experiencias del pesar que las mujeres. Probablemente algo de esta renuencia se deba a nuestro temor masculino hacia la emotividad. Muchos de nosotros hemos crecido con la noción absurda de que las lágrimas son una señal de debilidad y de falta de carácter. El precio de esa tontería ha demostrado ser muy alto.

Un hombre a quien conozco, ha estado al borde de la quiebra durante varios años. En el pasado fue un próspero hombre de negocios. Vivía con su familia en una hermosa casa disfrutando comodidades más que modestas. Su esfuerzo por iniciar una nueva inversión le condujo a la pérdida de sus negocios y de su casa. Enfrentaron la situación de iniciar todo de nuevo.

Aparentemente, él parece que se mantiene muy bien. Sin embargo, no desea hablar con nadie acerca de sus sentimientos. Podía superarse a través de su pérdida. Podía tener el apoyo firme de personas quienes comprenderían sus sentimientos. Estaría en su trayecto hacia la recuperación. No lo hizo. Guardando todo para sí mismo, corre un altísimo riesgo de una enfermedad grave.

Los hombres tienen las mismas necesidades básicas de una recuperación saludable del pesar que las mujeres. Esto incluye la necesidad de estar con otras personas quienes hayan tenido pérdidas semejantes, y hablar abiertamente con cada una de ellas de lo que está ocurriendo.

Si usted es hombre y ha tenido una pérdida importante en su vida, no intente manejarla solo. Si usted está demasiado incómodo asistiendo a un grupo de mujeres, una pequeña investigación descubrirá otros hombres que compartan sus sentimientos. Sobre un principio semanal, logre reunirlos para desayunar o para comer. Utilice este libro como guía para sus discusiones.

Desconsideraciones que expresa la gente

Casi todas las personas divorciadas e inclusive viudas o viudos saben que alguien ha dicho algo que solamente puede calificarse como *cruel.* Con frecuencia, las personas acongojadas son rechazadas cuando lloran, y premiadas si conservan una sonrisa brillante, aun cuando esto las esté destruyendo. Hombres y mujeres divorciados descubren amigos que toman partido y emiten juicios en un momento en el cual lo que más necesitan es alguien amistoso en quien confiar.

Varias viudas han compartido conmigo las experiencias de estar olvidadas por grupos sociales o de la iglesia, después de la muerte de sus esposos. Maggie, después de la muerte de su esposo, reunió el valor suficiente para regresar a un club de *bridge,* al cual habían pertenecido como miembros durante varios años. Para ella fue difícil dar este paso. El club de *bridge* fue una actividad que ella y Roy siempre compartieron. Cuando Maggie llegó, la recibió en la puerta una amiga de hacía mucho tiempo quien le dijo:

—Querida, ¿no sabes que esto es para parejas?

¡No se requiere de más de una experiencia como esta para que usted se convenza de que es mejor guardar su pesar para sí mismo!

Encontrará personas, incluyendo algunos médicos y sacerdotes, quienes están demasiado indispuestos para tenderle la mano en su pesar. Algunos amigos posiblemente lo eviten, porque no saben qué decirle. Compañeros de trabajo temen decir algo que pudiera molestarle, y por lo tanto no comentan nada. Con frecuencia, parece que existe una conspiración de silencio en donde quiera que usted se encuentre.

Sin embargo, permanece el hecho de que el trabajo efectivo del pesar no se ejecuta solo. Por esta razón, es de vital importancia para usted que encuentre un consejero o un grupo de apoyo que lo escuche. Simplemente porque la pérdida es una experiencia humana universal, en casi todas las comunidades existen esos recursos. En el Apéndice C usted encontrará lineamientos para formar un grupo de apoyo del pesar, en el caso de que no hubiera alguno disponible.

1. Glen W. Davidson, op. cit., pp. 24-27.

Cuando Llega la Mala Noticia

Primeras respuestas a una pérdida importante

Estaba iniciando una conferencia, con aproximadamente quinientas personas, cuando indicaron mi nombre en el tablero que se utiliza para recibir mensajes telefónicos. Fui al teléfono y alguien me dijo que mi madre había muerto. Hasta ahora no puedo recordar quién llamó.

Mamita tenía solamente cincuenta y cuatro años de edad. Aunque yo conocía los antecedentes de sus problemas de salud, definitivamente no esperaba que muriera tan pronto. Acababa de iniciar un nuevo tratamiento y no se consideraba que la enfermedad amenazara su vida. Murió de arteriosclerosis cardiaca, mientras dormía.

Sin saber qué hacer, o a donde ir, ofuscado alejé el teléfono. En ese momento apareció nuestro ministro, con voz apagada murmuró:

—Mi madre está muerta.

Menos de seis meses después, un día encontré el

cadáver de mi padre en su departamento, en donde yació durante veinticuatro horas. Tenía cincuenta y siete años.

Respondiendo a la muerte

¿Qué hace usted cuando se pronuncia la palabra muerte? Si usted es como la mayoría de nosotros, lo primero que hace es conmocionarse. Después, usted está apto para hacer cualquier cosa. Con frecuencia, los primeros siete días, está confuso, acerca de todo lo que después recordará muy poco.

En realidad, no hay nada que usted pueda planear hacer durante las primeras horas y algunos días después de la noticia de una pérdida impactante. No puede anticipar cómo reaccionará ante la muerte de alguien querido para usted. Aunque haya sufrido otras pérdidas, cada experiencia es diferente y puede reaccionar de muy distintas maneras.

Estoy asombrado por la cantidad de personas que conozco en funerales, quienes tienen más de sesenta años de edad y nunca antes perdieron algún ser querido a causa de la muerte. Si usted no ha tenido experiencias con la muerte, es doblemente importante que no espere hasta que ocurra para hablar de ella.

Esposos y esposas se hacen un gran favor entre sí al hablar acerca de la casi certeza de que no morirán al mismo tiempo. Esa conversación debería iniciarse inmediatamente después de la boda, o antes si fuera posible. Saber que todos los matrimonios terminan en divorcio o con la muerte es una idea sombría para las parejas comprometidas, sin embargo ése es un hecho. No es agradable hablar de la muerte, pero tampoco es deprimente o morboso, a menos que se haga de esa forma.

Lo mejor que usted puede decir respecto a escuchar la mala noticia por primera vez, es que cualquiera que sea su reacción será normal y estará bien. Algunas personas se desmayan, otras están fríamente serenas. Algunas ceden al llanto, otras se convierten en los mejores organizadores del mundo.

Ninguna reacción es mejor o peor que cualquiera otra. Si no se pone histérico, no significa que le importe menos. No es más débil si llora, ni más valiente si no lo hace.

Mientras transcurre todo, el llanto es algo bueno y una señal alentadora. Una buena regla comprobada es: si ya han transcurrido tres meses y usted no ha soltado todo, probablemente debería buscar consejo.

Sin embargo, usted se conoce a sí mismo mejor que nadie. Si usted no se conmueve en otros ambientes, tal vez no está en un momento de pérdida. Si no siente deseos de llorar durante las primeras horas o días ¡no se preocupe por eso! Si cuando ha transcurrido algún tiempo siente que desea llorar pero no puede, busque ayuda profesional.

Después de la muerte de un ser querido, cuídese usted mismo

Cuando ha muerto un ser querido, cuídese usted mismo especialmente. Los siguientes pasos le ayudarán durante esta época tan difícil:

1. Después de su pérdida, vigile su estado de salud

Si usted ha estado bajo el cuidado de un médico, o si tiene cualquier antecedente de problemas o ataques cardiacos o presión alta, póngase en contacto con su médico *ahora.*

2. Sea muy cuidadoso con lo que come o bebe

Tal vez la alimentación tenga poco interés. Sin embargo, usted necesitará toda la energía y fortaleza emocional que pueda acumular. No es bueno permanecer largos periodos sin comer, y después consumir alimentos chatarra y bebidas que contengan cafeína o alcohol. Vea el Apéndice B para los lineamientos nutricionales.

3. Hable de la persona fallecida

Hablar con cualquiera y con todos aquellos que le escucharán. Recuerde los buenos momentos pasados y cuente las historias que solamente se refieran a aquel que acaba de morir. No vacile en hablar de los acontecimientos que rodearon la muerte. Podrá darse cuenta que está contando la historia de cómo ocurrió la muerte, una y otra vez. Eso es bueno y normal.

4. Dese tiempo para la soledad

Después del funeral quédese solo algún tiempo. Permítase la flexibilidad del tiempo, pero que sea un mínimo de una hora.

Dígase a sí mismo, en voz alta:

—¡. . . está muerto! El (o ella) está muerto.

No diga *se ha ido*, o *desapareció*, o *pasó a mejor vida.* Utilice la palabra *muerto*. Necesita escuchar que usted mismo la dice. No tema a sus emociones. Ni siquiera la histeria lo perjudicará.

5. Vaya a la cama lo más ajustado posible a su hora normal de dormir

Haga esto aun cuando no sienta deseos de dormir. Es importante conservar hasta donde sea posible intacta su rutina normal. *Evite tranquilizarse utilizando medicinas, drogas o alcohol.*

6. Permita que su comunidad de apoyo le ayude

Esto puede estar en su iglesia, sinagoga, con los amigos del trabajo, los miembros de una logia, de un club, o cualquier otro grupo de personas fuera de la familia.

Muchas personas no sabrán qué decir, pero eso no importa. Su presencia es lo que cuenta. Exprese esto a quien quiera que llegue a darle apoyo.

Puede darse cuenta que rezar y otras prácticas religiosas se le dificultan. También eso es normal. Es posible que durante las primeras horas incluso olvide el nombre de su rabino, sacerdote o ministro. De nuevo, no se preocupe. En adelante usted recuperará la fe.

7. Permítase tener sentimientos de enojo

Si descubre que está enojado con el mundo, y particularmente con Dios, permítase tener esas emociones. ¡Eso no perjudicará al mundo, a Dios o a usted! Recuerde: *aun cuando usted conozca las respuestas, siempre será correcto que pregunte ¿por qué?*

Disponer el funeral

El funeral se lleva a cabo habitualmente entre tres y cinco días después del deceso. Sin embargo, algunas veces ocurren retrasos por la causa de la muerte, la distancia que deben recorrer algunos miembros de la familia, el clima y la disponibilidad de una instalación y de un oficiante. Bajo circunstancias normales lo típico es de tres a cinco días.

Su tiempo estará ocupado con decisiones que con frecuencia usted es la única persona que puede tomar. Si es el responsable de los arreglos, deberá:

* *Seleccionar una funeraria*

* *Tomar la decisión acerca de la fecha y hora del funeral*

* *Decidir si el féretro estará abierto o cerrado*

* *Decidir si el féretro estará presente o no en el servicio religioso*

* *Hacer los arreglos para que el cadáver sea enterrado en una tumba, o en una cripta en la superficie de la tierra*
* *Si se elige la cremación, decidir si las cenizas se entierran, se colocan en un nicho, o se esparcen*

- ♣ *Seleccionar a la persona que va a oficiar. En la mayoría de las ocasiones, será un sacerdote, un rabino, o un ministro*

- ♣ *Realizar aparentemente las interminables llamadas telefónicas, cada una de las cuales es tan molesta como la anterior*

- ♣ *Localizar los documentos del seguro, las actas de nacimiento, y si es el caso, los registros militares*

- ♣ *En algunas circunstancias, decidir si se practica una autopsia*

Probablemente, usted no querrá hacer nada de esto. Pero debe hacerse. En realidad es una clase de bendición extraña, encubierta. Con frecuencia observe a amigos del difunto o a otros parientes a quienes no se les ha pedido nada, tener el tiempo más agitado durante los primeros días, que aquellos a quienes les corresponde la responsabilidad de todo. Para muchas personas es un descanso hacer los arreglos del funeral y ocuparse de todas las demás tareas necesarias. Es algo concreto y real, que ocurre en un momento cuando todo lo demás parece irreal.

Es bueno buscar la ayuda de alguien, alejado por lo menos un grado del impacto. Podría ser un vecino, un sacerdote, o un consejero. Pedir a esta persona que vaya con usted a la funeraria, que le ayude a escoger el féretro, y si es necesario consiga la indumentaria para el funeral.

No es justo que usted deba tomar decisiones que tengan efectos posteriores (como el costo del funeral), cuando usted está en una condición precaria para solventarlos. Pero la presión para disponer del cadáver y los arreglos del funeral, no pueden esperar hasta que usted se sienta mejor. Por estas razones, una compañía de confianza sería de enorme ayuda.

El director de pompas fúnebres también puede ayudar en varios detalles, y proporcionar un buen consejo. He escuchado relatos acerca de funerarias carentes de escrúpulos, que toman ventaja de gente en un momento de crisis, pero en veinte años que he estado involucrado en funerales nunca he encontrado un caso semejante. Sé que los directores de pompas fúnebres son gente de negocios honesta, con un interés auténtico por aquellos quienes recurren a ellos.

El día del funeral

El día del funeral es distinto a cualquiera otro que usted haya vivido. Si es un miembro de la familia, será el centro de atención. Puede sentirse como en una pecera gigante, y que todo el mundo observa cómo sufre. Lo único bueno que ocurre en el momento de la muerte de un ser querido es que durante esa reunión, se incrementa su comunicación con la familia. Relatar anécdotas, recordar el pasado, y apoyarse entre sí, puede proporcionar a usted una medida especial de fortaleza.

El día del funeral muchas comunidades religiosas llevan comida para los familiares. Esto aligera en usted la presión por encargarse de alimentar a la gente después del funeral. Si alguien ofrece proporcionar la comida, acéptelo. Le sugiero que el número de postres sea limitado. Durante este momento de extrema tensión, ni usted ni su familia necesitan un *fijador de azúcar*. Con frecuencia el exceso de azúcar le da a usted un impulso durante una o dos horas, pero es seguido de un rápido descenso de energía y estado de ánimo.

Drogas y tranquilizantes

Trate de no tomar tranquilizantes, drogas o alcohol antes del funeral. El servicio está diseñado más para ayudarlo a usted, que para hacer cualquier cosa por el difunto.

Para lograr toda la ayuda del funeral usted necesita:

- *Estar lo más consciente posible de lo que está ocurriendo*

- *Estar en contacto con sus sentimientos*

- *Estar expresando su pesar*

Frecuentemente, el funeral es el primer momento en que la muerte se convierte en una realidad para usted. Por doloroso que esto sea, experimentar la realidad de su pérdida en el funeral puede ser muy importante para usted algunas semanas, o meses después.

Ni usted ni tampoco algún miembro de su familia requiere ser fuerte para cada uno de los demás, o para los amigos, o para la comunidad. Este no es el momento de representar al *cristiano maravilloso*, al *noble judío*, o al *super soldado*. Su trabajo no es demostrar lo bien que puede hacerse cargo de todos los demás.

Contemplando el cadáver

Una decisión que casi todo mundo enfrenta es contemplar o no el cuerpo del difunto, antes o en el funeral.

Existe una regla rígida acerca de contemplar el cadáver: *haga cualquier cosa que sienta si le parece hacerla o no hacerla.*

De ninguna manera es correcto o equivocado hacerlo.

Muchas personas consideran que contemplar el cadáver antes del servicio les ayuda a poner fin a la realidad de la muerte. Ver el cadáver de su ser querido, en un féretro le dificulta a usted manejar y ocultar su pérdida.

No está mal tocar el cadáver. Cuando murió el hermano de mi esposa, ella no era capaz de aceptar la realidad de su muerte y empezó a afligirse hasta que fuimos a la funeraria y lo tocó. Si usted nunca ha tocado un cuerpo muerto, le ayudará a aligerar el impacto inicial si usted sabe que sentirá muy frío el cuerpo y que la piel tiene una textura más correosa.

Si su ser amado estuvo enfermo durante un largo tiempo antes de su muerte, y tal vez confinado en la unidad de cuidados intensivos de algún hospital con todos los tubos y máquinas conectados, usted puede encontrar alivio y tranquilidad al observar que la persona tiene un aspecto más tranquilo.

También puede optar por un privado familiar para contemplarlo antes de que nadie más llegue, para permitir que el tiempo elimine el impacto inicial, y esté más controlado en público.

Ahora bien, usted puede preferir el recordar a la persona tal como la vio por última vez. Puede suceder que las circunstancias causantes de la muerte hagan imposible o dolorosa la apreciación del cadáver. Si usted padece de problemas cardiacos o de presión alta, podría ser preferible manejar su pérdida con más paciencia.

Cualquiera que sea su decisión, estará perfectamente bien pues no hay forma de negar la muerte. Sin embargo, dentro de unos días usted hará bastante de eso. Si duda acerca de qué hacer, no puede decidir, y tiene buena salud física, le sugiero que contemple el cadáver en privado y luego decida lo que desea hacer en el funeral.

Hablar a los niños acerca de la muerte

Con frecuencia, me preguntan si se les permite o no a los niños asistir a los funerales, o ver el cadáver de un miembro de la familia que ha muerto.

La respuesta a esa pregunta es un rotundo ¡SI!

Los niños, especialmente los más pequeños, nunca estarán obligados a asistir a los funerales o a contemplar los cadáveres. Pero tampoco se les negará la experiencia. Cuando hay una muerte en la familia, es importante incluir a los niños en las ceremonias de aflicción y de pesar. Si usted intenta *proteger* a sus hijos excluyéndolos de su tristeza, observarán eso como un acto que los relega. Es mucho mejor para los niños aprender acerca de la muerte a través de su pesadumbre, que experimentar su retraimiento sin saber cuál es la razón para eso.

Cuando existe una muerte en la familia, le sugiero lo siguiente:

♣ *Incluya a sus hijos en la experiencia*

♣ *No intente disimular su tristeza*

♣ *No actúe como si tuviera todas las respuestas — sus dudas y preguntas no los perjudicarán.*

♣ *Asegúreles que tampoco hay nadie más a quien culpen. Los niños se culpan a ellos mismos con frecuencia de las tragedias de los adultos.*

♣ *Explique la muerte tan simplemente como pueda empleando términos que el niño comprenda. Utilice la palabra "muerto". No diga que el difunto está dormido, que se ha ido, o que pasó a mejor vida. Los niños toman lo que decimos como absolutamente cierto, porque somos adultos. Si usted dice que un abuelo difunto está dormido, el niño puede tener miedo de ir a dormir, o querrá que usted despierte a su abuelito o a su abuelita.*

Conteste con honestidad a sus preguntas y prepárese para escuchar algunas que le parecerán extrañas.

Una niña de tres años de edad, cuyo hermano había muerto y fue cremado, viajaba en avión con sus padres quienes llevaban las cenizas de su hermano al lugar de su sepultura. Preguntó a sus padres si las cenizas del cenicero eran el cuerpo de su hermano. Cuando el avión descendió, estaba preocupada de que pudieran aterrizar sobre de él. Al llegar al aeropuerto, empezó a buscarlo para que se les uniera. El día del funeral, estaba desilusionada porque esperaba verlo allí. De nuevo, le explicaron que las cenizas estaban en la urna; entonces quiso mirar dentro de ésta para poder encontrar a su hermano.

No diga a un niño que Dios se llevó a la persona. Eso puede ofrecerle a usted una tranquilidad temporal, pero ése es su punto de vista religioso; sin embargo, un niño puede pensar que Dios quiere que usted o él sea el próximo.

La muerte de mascotas o de personas extrañas proporciona la oportunidad para conversaciones acerca del tema. Cuando usted habla sin el límite emocional de su propio pesar puede establecer una base para el comportamiento ante las muertes de la familia.

Existen algunos libros adecuados que usted puede utilizar como recursos. Muchos de ellos están disponibles en su biblioteca o en la librería local. Encontré particularmente útiles los siguientes:

Explaining Death to Children, editado por Earl Grollman.
The Fall of Freddie the Leaf, de Leo Buscaglia.
Sam's Grandma (A Coloring Book for Kids), por Darlene Kloeppel.

Si parece que su hijo está indudablemente trastornado por un deceso en la familia, consulte con un psicólogo entrenado en el ámbito de los niños y la muerte. Su director de pompas fúnebres o el sacerdote pueden proporcionarle una referencia.

Respondiendo al divorcio

La muerte de un miembro de la familia no es la única pérdida que causa pesar y aflicción. ¿Qué hace usted cuando la palabra es *divorcio?* El impacto de ese anuncio no es menor que el de una muerte.

Supongamos que usted ha sido razonablemente feliz dentro de su matrimonio. No todo ha sido canto y dulzura, pero ¿quién lo ha tenido? Un día, su cónyuge anuncia inesperadamente que él o ella desea divorciarse.

O bien, que durante varios años usted ha sido infeliz en su matrimonio. De alguna forma, parece solamente que usted y su cónyuge están en distintas dimensiones. A uno de ustedes le gusta el rojo, el otro lo odia. Uno de ustedes no puede vivir sin un grupo particular de amigos, el otro no puede soportar a ninguno de ellos.

Posiblemente, usted ha estado *aferrado a eso* por los hijos o tal vez esperaba que algún día las cosas podían ser distintas. Ahora, ya es intolerable continuar con el acertijo. Usted se arma de valor, va con un abogado, y los documentos estarán listos mañana. Esa noche usted dirá a su cónyuge que ya no desea estar casado.

Ambas situaciones representan una pérdida importante. En ambos casos, la primera pregunta es: *¿qué hago, ahora?*

Si cualquiera de esas situaciones se ajusta a usted, necesita saber que una cantidad de otras preguntas surge, habitualmente, durante la primera semana siguiente. Usted quiere saber:

♣   *¿Estoy haciendo lo correcto?*

♣   *¿Cómo pudo ocurrirme esto?*

♣   *¿Qué pensarán nuestros amigos?*

♣   *¿Cómo puedo enfrentar a mi familia?*

Observemos algunas respuestas.

El impacto que sigue al anuncio de un divorcio en perspectiva no es distinto al que sigue a la noticia de la muerte de alguien querido por nosotros.

En el caso de divorcio no es una persona quien ha muerto, sino una relación y los sueños acariciados desde el día de su boda. A pesar de los divorcios que ocurren en nuestra sociedad, no he oficiado en una boda aún en la cual el novio y la novia no esperen menos que un matrimonio para toda la vida.

El impacto al darse cuenta que su matrimonio ha fracasado, es muy semejante al de saber que su cónyuge está muerto. De hecho, algunas personas divorciadas me han comentado que piensan que de muchas formas esto es ¡peor!

Sally se expresó por muchas de ellas cuando dijo:

—Si mi esposo hubiera muerto, por lo menos tendría un cadáver que enterrar y algo que podría hacer. De esta forma, él todavía anda por allí y yo solamente tengo mi orgullo para enterrar. Si fuera viuda, tendría la simpatía de nuestros amigos. Como divorciada, ¡me culpan por eso!

Después del divorcio, cuídese usted mismo

Las primeras semanas después del anuncio de un divorcio, también es un momento en que harían bien en cuidarse especialmente. Le recomiendo dar los siguientes pasos:

1. Antes de su divorcio o separación, vigile su estado de salud

(Sí, es lo mismo que en el primer paso, ¡después de una muerte!) Si usted ha estado bajo el cuidado de un médico, o si tiene cualquier antecedente de problemas o ataques cardiacos o presión alta, póngase en contacto con un médico inmediatamente.

2. Sea cuidadoso con lo que come o bebe

(Sí, también éste es el mismo.) Usted puede querer responder a su enojo y al trastorno emocional con excesos en la comida o en el alcohol. El deseo es comprensible, pero los resultados son inútiles. Verifique los lineamientos que se sugieren para una nutrición saludable en el Apéndice B.

3. Encuentre alguien con quien pueda hablar libremente

Lo que usted necesita ahora mismo es alguien comprensivo quien lo escuche. Encuentre una persona quien le ponga atención, sin formarse juicios u ofrecer demasiados consejos; alguien a quien usted le importe auténticamente. Como en el caso de una muerte, es importante hablar de cómo ocurrió. ¿Tomó usted la decisión? O, ¿fue su cónyuge quien soltó la bomba sobre de usted? ¿Qué sentimientos tiene usted? ¡Hablar es crucial!

4. No conserve su divorcio en secreto

Deje que sus familiares, amigos, los sacerdotes, empleados y socios conozcan su situación lo más pronto posible. El temor al rechazo de los demás casi siempre es peor que en la realidad.

Lo mejor será que usted se abra a lo que está ocurriendo. No hay nada de qué se avergüence. Si los miembros de la familia, los amigos o los sacerdotes no comprenden, el problema de ellos es mayor que el suyo.

5. No aplace la importancia de sus sentimientos inmediatos

Si usted es como la mayoría de las personas divorciadas, sus emociones recorrerán la escala entre el enojo y el pánico. Si usted pidió el divorcio, podrá atravesar un periodo de completa euforia. Si no tiene la menor idea de que se aproxima la depresión, podrá sentirse traicionado y abrumado.

Intente recordar que no siempre sintió como ahora. Si está encumbrado, probablemente tenga súbitos descansos durante el trayecto. Si su separación fue violenta, se recuperará.

6. Busque consejo legal y ayuda emocional y espiritual

Antes de tomar decisiones que no pueda modificar, obtenga ambos apoyos. No puedo empezar a contarle la cantidad de pesar innecesario que he visto cómo se causa la gente a sí misma por actuar bajo sus propias emociones pasajeras, en lugar de buscar consejo legal.

Asimismo, todos los que conozco quienes han salido de un divorcio estando en la cúspide de su vida, han aprovechado el consejo psicológico y espiritual. Cuando hay hijos que están involucrados, esto es absolutamente necesario.

¿Respondiendo a otras pérdidas?

¿Qué hace usted cuando le mencionan la palabra *despedido?* O, ¿las palabras *cáncer, amputación, mudanza, jubilación anticipada, quiebra, senectud, fracaso,* o cualquiera otra palabra identificada con una pérdida de apreciación, de amor, de medio ambiente familiar, o de seguridad?

Es indudable que algunas pérdidas le afectarán más que otras, pero todas las pérdidas lo afectan.

Las experiencias de pérdida son como las páginas en un diario de su vida. Cuando se añade una nueva página, la historia de todas sus pérdidas se repite de nuevo.

Siempre que experimente una pérdida de cualquier clase haga lo siguiente, que ayudará a seguir la pista correcta a través de su pesar:

1. Identifique precisamente lo que ha perdido

Por ejemplo, en una quiebra, la pérdida del dinero o del ingreso no es tan traumante como la pérdida del amor propio.

Haga una lista de las pérdidas. Habitualmente, hay más de una en cualquier experiencia de pérdida que sienta. Identifique los sentimientos que tiene acerca de cada una, utilizando la lista de palabras de sentimientos del Apéndice A.

¿Cuál pérdida provoca los sentimientos más intensos? Ahí es por donde usted debe empezar.

2. Haga una evaluación personal de sí mismo

¿Cuál es la condición de las dimensiones físicas, emocionales, intelectuales y espirituales que posee actualmente?

Estas dimensiones de su personalidad no existen aisladamente entre sí. Su actitud afecta sus emociones, sus emociones afectan su físico, su condición física afecta tanto a las actitudes como a las emociones, y la perspectiva espiritual afecta todo lo demás.

¿En dónde necesita ayuda? Identifique el mejor recurso que le ayude en esa área. Puede necesitar consejo o simplemente unas vacaciones. Continúe buscando cualquier ayuda que necesite.

3. Hable acerca de su pérdida y de su pesar

Cuente a cualquiera quien le escuche, sobre su pérdida. Cuéntela a la mayoría de las personas que pueda. No dude en denominar a su reacción por su nombre correcto: *pesar.*

Conserve un diario acerca de con quienes ha hablado de su pérdida, y la fecha cuando habló con ellos.

Establézcase una meta para contar en qué consistió su pérdida por lo menos a una o dos personas, todos los días de la primera semana.

4. Encuentre apoyo de la comunidad

Usted necesita personas que estén con usted mientras dure su pesar, ya sea algunos días o varios años.

Quizá usted deba crear su propia comunidad de apoyo. Si pertenece a una iglesia o a una sinagoga, ya tiene el recurso de las personas. Su comunidad religiosa puede tener un grupo de apoyo, o bien necesita uno. Puede estar seguro que otras personas están esperando que alguien como usted las llame para formar un grupo juntos.

Si usted no forma parte de una comunidad religiosa, puede encontrar una iglesia o una sinagoga que tenga un grupo como el que necesita, o buscar personas en su vecindario, en club de servicios sociales, o en el lugar de su trabajo.

La pérdida y el pesar son experiencias humanas universales. Puede estar seguro que lo rodean muchas otras personas necesitadas de apoyo tanto como usted. Cuando usted está agobiado por el pesar, con frecuencia es difícil salir a buscar apoyo. Sin embargo, estará compensado por una fuerte red de apoyo que facilitará el trayecto a través del pesar.

El sonido ensordecedor del silencio

Durante algunos días posteriores a la muerte de un ser querido, usted estará rodeado de miembros de la familia y de amigos solícitos. Sin embargo, pronto llegará el día cuando los miembros de la familia deban regresar a sus propias vidas y sus amigos parecen estar cansados de intentar hacer frente a su pesar.

Si usted está divorciado, sus amigos y familiares permanecerán junto a usted durante algunos días y estarán listos para escuchar sus quejas y para consolar su llanto. Después regresan a continuar sus propias vidas, y esperan que usted haga lo mismo con la suya.

Dos semanas después de la muerte de su esposo, Marjorie dijo:

—Un día tú eres el centro de la atención, y parece que a todos les importas y comparten tu pérdida. Al día siguiente, despiertas y todos se han ido. Estás más sola que nunca en toda tu vida. Está todo tan tranquilo, que el silencio resulta ensordecedor.

El impacto de la pérdida de Marjorie desapareció casi al mismo tiempo cuando su sistema de apoyo se fue a casa.

Algunos de nosotros en iglesias y sinagogas, les hemos fallado a personas colmándolas de compasión y cuidados aproximadamente durante una semana, cuando alguien fallece y después desapareciendo como la niebla antes de la salida del sol. Estar con gente durante el funeral es algo bueno. Pero el trabajo real de recuperación del pesar empieza después del funeral.

Preparando las siguientes semanas

Después de una pérdida importante, usted puede tener una época muy difícil, buscando ayuda. Las personas le dirán que las llame, siempre que las necesite. En el momento cuando usted más los necesita, la idea de poder llamarlos ¡nunca cruzó por su mente! Se siente solo y confuso. Desearía que alguien llegara para hacer algo, sin que usted se lo pidiera.

La mayor parte del tiempo nadie llega. No significa que no le importe a alguien. Simplemente refleja la verdad de que no muchas personas comprenden la pérdida y el pesar. Es el momento cuando usted deberá hacerse cargo. Escriba la siguiente información en un bloc de anotaciones, y póngalo cerca de su teléfono:

1. Nombre y número de teléfono de su ministro, sacerdote, o rabino.

Si usted no está en contacto con algún sacerdote, utilice el del oficiante del funeral. Si esto no fuera factible, piense en la persona más comprensiva y emocionalmente fuerte que conozca. Anote su nombre en el bloc.

Haga lo mismo en caso de divorcio. Pregúntese a sí mismo quién ha estado divorciado y parece superarse a través de la experiencia.

Pruebe la confiabilidad de este recurso de ayuda, llamando a esa persona *antes* que realmente la necesite. Pregúntele si, en caso de crisis, puede llamarla por la noche. Recuerde que una respuesta de *no,* no significa que lo rechacen. Significa que la otra persona puede estar sumamente tensa, o que no es capaz de hacer frente al pesar, o que tiene otras razones perfectamente válidas que le impiden ofrecer a usted esa disponibilidad.

Tengo a mi cargo aproximadamente dos mil personas en mi congregación. No hay forma de que siempre esté disponible para todos. Por fortuna, tengo dos ayudantes y un grupo de personas entrenadas especialmente para apoyar, quienes ayudan a llevar la carga. Sin embargo, en algunas ocasiones debo decir que no a alguien.

Si su primera elección no puede ayudarle, llame a otra persona. Una vez que usted haya hecho contacto con alguien disponible, asegúrese que:

♣ *Nunca llame a una hora inconveniente, a menos que esté en un momento de crisis...*

♣ *Nunca dude en llamar, cuando lo necesite.*

2. El nombre y números de teléfono de su médico, incluyendo el número y domicilio privado, y el número de teléfono del hospital más cercano.

3. Nombres y números de teléfono de los miembros de la familia con quienes usted puede hablar más libremente.

Ellos serían aquellos a quienes usted desea que se notifique, en el caso de cualquier emergencia.

Escribiendo esta información, conservándola junto a su teléfono, le dará la seguridad de no tener que recordar nombres y números de teléfono en una emergencia o cuando usted esté aturdido. También es una forma de que empiece a hacerse cargo de su vida de nuevo.

Si usted es empleado, regrese a su trabajo inmediatamente que pueda. Pero asegúrese de tener una conferencia con su jefe, con un socio del negocio, o con quien necesite saber que durante las próximas semanas o meses tal vez usted no funcione con tanta eficiencia como antes. Asegúreles que su actividad volverá a la normalidad, y convénzase a sí mismo que así será.

Usted puede encontrar que un día todo iba razonablemente tranquilo, cuando algo lo hizo que volviera a la intensidad de su pérdida y de su pesar, y necesitará regresar a casa o tomarse un breve descanso hasta que recupere su compostura.

No es raro que crea ver en una multitud a su ser querido fallecido o escucharlo en la otra habitación. Un anuncio por la radio o en la televisión puede hacer que recuerde algo conmovedor. Así puede ser una canción o la conversación de los empleados. Aquellos con quienes trabaja querrán saber que eso no significa que se retire violentamente, sino que es solamente una señal de su proceso de recuperación.

Ir a casa y encontrarse que está vacía, es aterrador. Y así, puede esperar que su esposo se apresure por la carretera a la hora regular de su llegada, y de pronto recuerda que no volverá a casa ni ahora ni nunca.

Madres de niños muertos con frecuencia tienen un mal momento a la hora en que tomaba la siesta o se bañaba su hijo, o cuando otros niños regresan a casa de la escuela.

Puede encontrar difícil salir de la casa. Enfrentar al mundo de nuevo, como una persona viuda o divorciada, es una sensación rara.

Una viuda no condujo un automóvil durante diez años antes de que su esposo muriera. Cuando murió, tuvo que aprender otra vez. No solamente le asustaba el tránsito, sino que cuando estaba ante el volante recordaba que no estaría allí si su esposo no hubiera muerto. Durante varios meses encontró que su pesar aumentaba cada vez que conducía.

La persona divorciada debe enfrentar la mayoría de las cosas de la viuda, más algunas otras. Las personas viudas por lo menos al principio tienen la simpatía de los demás, pero a pocos parece importarles lo que le ha lastimado a usted su divorcio.

El esposo divorciado, típicamente, tiene que reubicarse casi siempre en un departamento. El cuidado de la casa, la comida y la lavandería pueden ser problemas reales. La gente parece esperar que cualquier hombre quien logró divorciarse, se regocije por haber recuperado su *libertad,* y dificilmente puede esperar para empezar a divertirse. Actualmente, muchos de los hombres con quienes he hablado, volver a distraerse saliendo con chicas les asusta al máximo. Las mujeres con hijos menores tienen la terrible tarea de haberse convertido en madres solteras, e intentar conocer las necesidades de sus pequeños sin gran ayuda. Casi siempre el divorcio es lo suficientemente costoso como para vender el que fuera hogar familiar, ambos cónyuges necesitan trabajar, se hacen arreglos para el cuidado del hijo, y algunas veces el nivel de vida mengua dramáticamente.

No hay forma de enlistar todo lo que usted pueda enfrentar cuando ocurre una pérdida importante. He mencionado algunas cosas que la gente arrostra cuando hay un deceso o un divorcio. Conformaría otro capítulo con las exigencias de otras pérdidas. Conozco una joven mujer encantadora, quien perdió una pierna por el cáncer. Una destacada atleta universitaria, quien debía aprender a caminar de nuevo. Más tarde, le extirparon un pulmón. Vive con la amenaza de la aparición recurrente del cáncer.

Como cualquier otro más que experimenta el pesar, usted tendrá que enfrentar algunas cosas para las cuales no está listo. Algunas veces, pensará ser el único que ha sentido como ahora mismo. Puede creer que está perdiendo la razón y que se volverá loco. Deseará desaparecer o morir. Se sentirá tan solo como nunca había estado en toda su vida.

Reciba este mensaje:

¡Usted es normal! Se esperaba lo que está ocurriendo. Es un paso necesario a través del pesar. Debe enfrentarse. Terminará. Usted lo vencerá.

Ahora es el Momento para Empezar

Nadie más puede hacerlo por usted

Prendida al tablero de avisos enfrente de mi escritorio conservo esta cita de un autor anónimo:

Nunca habrá otro instante...
Hoy realizaré la mejor parte.
Nunca existirá otro como yo...
Realizaré la mejor parte de mí mismo.

Es un lema adecuado para hacer efectivo el trabajo del pesar. Hoy es el único momento para iniciar el trabajo a través de sus pérdidas. Mañana no será un mejor día para enfrentar la tarea. Usted es el único quien puede realizar trayecto a través de su pesar. Sin embargo, al realizarlo, descubrirá que está preparado para el reto.

En un sentido, hacer el trabajo del pesar es un poco

igual a hacer el amor; hablar acerca de esto únicamente lo conducirá hasta aquí, es algo que finalmente debe hacer.

Es reconocido que no hay nada agradable en el pesar. Sin embargo, si usted aprende las prácticas del trabajo efectivo del pesar, puede surgir de sus pérdidas con un gran sentido de satisfacción.

Ahora es el momento de empezar a trabajar en el pesar. Si usted ha tenido una pérdida importante no ayudará esperar algún otro día cuando se sienta mejor para empezar a trabajar en ella. El riesgo potencial para su salud y la ausencia de disfrute de su vida, son precios demasiado altos que se pagan por diferir la tarea.

Ejercicios que ayudan

Este libro contiene ejercicios que pueden ayudarle a manejar cualquier pérdida de su vida. Cada ejercicio tiene algo para que usted se concentre en un paso específico de la recuperación del pesar. No todos los ejercicios se aplicarán a usted en este momento. Sin embargo, todos merecen su atención.

Por ejemplo, los ejercicios para manejar el pesar después del divorcio también se aplican a otras pérdidas. Aquellos que se concentran en la muerte, con pequeños ajustes, se aplicarán al divorcio o a la reubicación. Si la pérdida particular indicada no corresponde a su experiencia, es una buena opción aplicarla a alguien que usted conozca, quien necesite su ayuda y comprensión.

Es importante recordar que usted no se conducirá a través de su pesar en una forma metódicamente bien definida. Una tarea que aparentemente se termina a los tres meses después de un deceso puede volver a realizarse varias veces. Si ésta es su experiencia, no es un retroceso sino una manera perfectamente normal para que el pesar progrese.

Lo importante es que usted enfrenta su pérdida y

trabaja a través de su pesar. Será tentador intentar un recorrido final del dolor del pesar, o retirarse y esperar que termine. No funcionará ninguna de estas propuestas. *Ejecutar los ejercicios le ayudará a continuar actuando a través de su pesar, lo cual es la única forma para que termine.*

Cuatro hechos clave respecto a la recuperación del pesar

Como si ejecutara ejercicios de calentamiento, analice los cuatro hechos clave respecto a la recuperación del pesar, del Capítulo Cinco. Repítalos a usted mismo tantas veces como sea necesario, hasta que lleguen automáticamente:

♣   *La salida del pesar es a través de él*

♣   *El peor de los pesares es el suyo*

♣   *El pesar es un trabajo difícil*

♣   *El trabajo efectivo del pesar no se ejecuta solo.*

Para estructurar una vida compensada después de una pérdida importante, es crucial comprender y aceptar estos hechos clave respecto a la recuperación del pesar.

Un análisis reciente de los antecedentes

Este ejercicio es para todos. Le ayudará a identificar experiencias de pérdida que en el momento cuando ocurrieron parecían insignificantes, pero las cuales continúan afectando actualmente su felicidad.

Sea tan gentil en responder a las preguntas en la secuencia como aparecen. Responda todas las preguntas antes de continuar las instrucciones que siguen al análisis.

A. Enliste los cambios más significativos de su vida, que ocurrieron durante los últimos *dos años*. Incluya experiencias positivas, como ascensos en el trabajo, una nueva casa, bodas (o hijos casados), jubilación, o graduación de la universidad. Las experiencias negativas incluirán una muerte en la familia, un divorcio, la pérdida del trabajo, una operación quirúrgica, el traslado de los alrededores familiares, o el fracaso en los negocios.

B. Indique sus estados de ánimo del último año, en el diagrama. Feliz (contento); Bien (algunas altas y bajas); Triste (deprimido, disgustado).

	Ene. Feb. Mar. Abr. May. Jun. Jul. Ago. Sept. Oct. Nov. Dic.
Feliz	
Bien	
Triste	

C. ¿Qué problemas físicos ha tenido durante los últimos dieciocho meses?

D. Describa su actual percepción de la vida, en términos de:

♣ *Un color*

♣ *Un sabor*

♣ *Un olor*

♣ *Un tacto*

♣ *Un sonido*

E. Si pudiera cambiar una cosa en este momento de su vida, ¿cuál sería? (Describa cómo es y cómo le gustaría que fuera.)

Después de haber terminado su análisis, revise sus respuestas. Cuando las examine:

1. Pregúntese a sí mismo:

¿Cuáles *pérdidas* experimenté en cada uno de los principales cambios que enlisté?

2. ¿Cuál de estas pérdidas continúa haciendo el mayor impacto en su vida? Cuando piensa en esta pérdida, ¿qué sentimientos experimenta?

Recurra a las palabras que expresan sentimientos, del Apéndice A, que le ayudarán a denominar los suyos.

3. Revise el diagrama de sus estados de ánimo del último año. ¿Existe alguna correlación entre los estados de ánimo que presentó en algunos momentos y la pérdida que identificó?

Concéntrese en el más triste de sus estados de ánimo, e intente recordar qué ocurrió en cada uno de esos momentos.

Identifique sus pérdidas en cada una de esas experiencias, y mencione sus sentimientos acerca de ellas.

4. ¿Qué ocurrió durante los momentos de sus estados de ánimo más felices? ¿Cuáles sentimientos puede mencionar respecto a esas experiencias? ¿Cómo controló su propio destino en esos momentos?

5. Observe la lista de sus problemas físicos.

¿Hay alguna correlación entre estos problemas y las experiencias de pérdida que ha mencionado?

Enliste el tiempo cuando se observaron sus síntomas físicos. Calcúlelo en seis y nueve meses, un año, dieciocho meses, y dos años.

¿Qué ocurría en su vida, durante cada uno de esos periodos? ¿Qué pérdida estaba involucrada?

6. ¿Lo restringieron los problemas físicos, para hacer algo que de otra forma no lo habrían limitado?

Si es así, describa qué haría si pudiera. ¿Qué sentido de pérdida experimenta porque no puede hacer eso?

7. Observe las palabras que utiliza para describir su percepción actual de la vida. ¿Le gustan estas imágenes?

♣ *¿Es un color favorito?*

♣ *¿Es el sabor de alguna comida que le agrada?*

♣ *¿Es un olor agradable?*

♣ *¿Es un tacto placentero?*

♣ *¿Es un sonido que le gustaría escuchar otra vez?*

¿Cómo se siente respecto a sus preguntas en cada categoría? ¿Indican una perspectiva positiva o negativa en la vida?

Si su perspectiva es más negativa que positiva, pregúntese a sí mismo: ¿qué fue lo que perdí recientemente, que de ser posible rectificarlo, haría más positiva la perspectiva de mi vida?

8. Piense en lo que más le gustaría cambiar en su vida. ¿Es posible realizar ese cambio?

Usted no puede recuperar a un ser querido que ha muerto, a un esposo de quien se divorció y se casó de nuevo, un miembro o un órgano perdido en una cirugía, o un momento especial de su vida. Es posible recuperar cualquiera otra pérdida a pesar de todo lo improbable que sea recuperarla.

9. Si usted observa que uno de los cambios no es posible, deberá realizar bastante trabajo del pesar. Identifique el centro activo de su pesar. No intente engañarse a sí mismo o mencione una pérdida demasiado importante. Por ejemplo, si se está divorciando, pero la pérdida de su cónyuge no lo lastima sino lo que le importa es la pérdida de sus hijos o la dignidad, expréselo y concentre su pesar en esa pérdida.

10. Si es posible el cambio, pregúntese a sí mismo:

♣   *¿Por qué no he realizado ese cambio?*

♣   *¿Qué me está haciendo rectificar?*

♣   *¿Requiere el cambio, la participación de alguien más? ¿Quién?*

♣   *¿Ha hablado con esa persona al respecto?*

♣   *Sabiendo que debe pagar un precio por cualquier cambio, ¿cuál es el precio por el cambio que usted quiere realizar? ¿Está usted dispuesto a pagar ese precio?*

Discutiendo el tema

Para obtener el mayor beneficio del análisis, primero obsérvelo cuidadosamente y después comparta sus descubrimientos con un amigo de confianza, con algún miembro de la familia, con un consejero, o con un sacerdote. El simple hecho de hablar de su pérdida y de sus sentimientos es un paso importante hacia la recuperación.

Puede parecer tan pequeña su pérdida que usted esté avergonzado de expresarla. Si así es, recuerde el segundo hecho clave acerca de la recuperación del pesar: el peor de los pesares es el *suyo*.

Para usted, es muy importante poner atención particular en cualquier correlación entre sus problemas físicos y el momento de pérdida. Usted puede emplear mucho tiempo y dinero dando tratamiento a sus síntomas físicos, y nunca llegar al motivo fundamental si la pérdida y el pesar son los factores de su enfermedad. Si sospecha que pueden relacionarse usted necesita a un psicólogo, o un sacerdote, y un médico quienes comprendan la relación entre el pesar y la enfermedad.

Lineamientos para realizar el trabajo del pesar

Una vez que ha identificado sus pérdidas, el siguiente paso es empezar a trabajar para recuperar su equilibrio. Los lineamientos siguientes ayudarán a lograr que usted proceda y a mantenerlo activo cuando la tarea lo fatigue.

Crea que su pesar tiene un propósito y un fin

Confíe en que lo está logrando. Es un hecho que el pesar es un trabajo a realizarse. También es un hecho que el trabajo tiene un fin. Al principio, únicamente le pediré que me crea. Usted probablemente pensará que su tristeza continuará para siempre. No será así. Más tarde, eso será tan evidente para usted como todo lo que le he sugerido.

Antes, yo comparaba el trabajo del pesar con lavar platos. Una vez que usted ha lavado los platos, ese trabajo ha terminado, hasta que utilice los platos de nuevo. El trabajo del pesar es igual. Una vez que ha terminado el trabajo se requiere que usted recupere su equilibrio, pues ha terminado hasta que experimente otra pérdida. Usted aprende más del pesar si aprende a manejarlo mejor.

Nadie quiere ser bueno ante la pesadumbre. Estamos un poco asustados si la palabra aparece porque ya sabemos que algo horrible ocurrirá. Preferiríamos actuar totalmente sin la experiencia del pesar. Pero la vida no funciona de esa forma. Como usted no prescindió de los momentos de su pérdida, es importante creer que su pesar tiene un propósito.

Si su percepción de la vida es superada y saludable, tiene una esperanza básica de que la vida es buena. Cuando experimente una pérdida importante, ese sentido de esperanza básica se rompe. De un modo u otro, usted preguntará si la vida no es verdaderamente caótica e injusta. En verdad, algunas veces, ¡lo es!

Poco después de nuestro matrimonio, mi esposa y yo

despertamos a medianoche en nuestro apartamento del tercer piso por un temblor de tierra de la clase California A-1. Despertamos en un medio ambiente que ya no se apreciaba sólido o familiar. Teníamos náuseas por la oscilación, y estábamos desorientados y temerosos hacia la muerte. Lo sensato habría sido dejar la habitación inmediatamente y bajar al primer piso, tal vez salir del edificio en caso de derrumbe. En lugar de eso nos quedamos paralizados por el temor y la desconfianza de nuestro medio ambiente. Permanecimos en la cama, estrechamente abrazados, hasta que cesó el movimiento.

Cuando ocurre una pérdida importante, esa misma sacudida se apodera de su realidad y de su seguridad. No es un retroceso en su equilibrio, quedarse paralizado por el temor y la desconfianza. No obstante, es difícil lograr accionar. Usted necesita creer que hay un propósito para todo lo que está ocurriendo.

No quiero decir que hay algún propósito para su pérdida. Si usted cree que su pérdida ha ocurrido para darle una lección o para castigarlo, el trabajo de recuperación será más difícil. Es mejor aceptar el hecho de que algunas cosas nos ocurren y a nuestros seres queridos, absolutamente sin ninguna razón. Algunas cosas, incluyendo las tragedias, simplemente ocurren. Este mundo es confiable, y la pérdida y el pesar son las cosas en las que usted puede confiar.

Una de las preguntas más habituales que he escuchado de personas acongojadas, es:

— ¿Qué he hecho mal? ¿Es esto un castigo?

Realmente es una pregunta comprensible. Pero también es absurda, para la cual la única respuesta es:

—No.

Las cosas malas ocurren a personas malas, y a personas buenas. La pérdida y el pesar no se aplican a usted o a cualquier otro por designio. Suceden porque usted vive en un mundo mortal e imperfecto.

Para superarse a través de la pérdida, usted debe

aprender que el hecho de perder no disminuye el vivir.

Sea responsable del proceso de su propio pesar

Existe un lema para el éxito, utilizado por muchos triunfadores, que dice así:
Si esto tiene que ser, depende de mí.
¡Este es un gran lema para la recuperación de la pena! Nadie puede apesadumbrarse por usted. Nadie más puede tomar sus decisiones, o tener sus sentimientos, o anegarse en lágrimas que son esenciales para recuperarse de una pérdida importante. Esa es una razón muy importante para que usted considere su pesar como un trabajo difícil, pasado de moda pero que usted debe realizar, y no como una enfermedad de la cual tiene que recuperarse.

Usted encontrará que el momento más difícil para continuar siendo responsable de la recuperación de su pesar es cuando la depresión lo abate. Cuando la fatiga domina su tristeza y las cosas que normalmente proporcionan alegría no lo animan, es muy difícil que sienta responsabilidad por algo.

La depresión puede volverse tan intensa que requiera atención médica. Puede necesitar hospitalización, si se prolonga. Sin embargo, incluso entonces es usted quien definitivamente debe optar por salir de la depresión.

La depresión es una forma de quitar tiempo al trabajo a través del pesar. Es como levantar una barra de pesas por encima de su cabeza. Posiblemente pueda levantarla una, dos o diez veces. Pero llega un momento en el cual el peso es demasiado fuerte y sus músculos están sumamente fatigados para levantarla una vez más. En ese momento la única opción que tiene es descansar sus brazos antes de intentar levantarla de nuevo.

Es importante saber cuándo necesita relajarse y distraerse de la ejecución del trabajo del pesar.

Es importante que no desista demasiado pronto del

trabajo del pesar. Necesita un plan para reiniciarlo, si toma un tiempo libre.

Durante el proceso de su pesar, usted hará todo mejor si mantiene una responsabilidad personal para terminarlo.

No tema pedir ayuda

Pedir ayuda no es desistir de la responsabilidad por su pesar. Es reconocer que si usted se estira fuertemente del cordón del zapato, habitualmente le provocará una hernia o romperá el cordón, ¡no se elevará del suelo!

Recuerde uno de los hechos clave respecto a la recuperación del pesar: el trabajo efectivo del pesar no se ejecuta solo. Usted necesita de otras personas cuando intenta trabajar la salida de su tristeza y de su depresión, las cuales siguen a una pérdida importante.

Las reuniones semanales en mi oficina no son la parte más útil de nuestro programa de apoyo del pesar, sino el apoyo que se proporcionan las personas entre sí en medio de las sesiones. Publicamos una lista de los asistentes. Se indica con un asterisco quiénes son los hombres y mujeres dispuestos para ayudar en un momento de alguna necesidad especial. Los demás del programa los llaman con frecuencia.

La seguridad de saber que hay alguien dispuesto a comprender el pesar, afianza el trabajo del programa. Algunas veces los actos más simples cuentan al máximo. Dos de nuestras viudas de más edad, se dieron cuenta que el momento más solitario del día era la hora de la cena. Ninguna de ellas comía adecuada o regularmente.

Una de ellas conduce un automóvil en una base limitada, la otra no. Proyectando una ruta que les evitara las calles más activas pude arreglar que quien conduce recogiera a la otra para ir a cenar a una cafetería local, regularmente. En dos semanas observé mejoras notables en sus niveles de energía y en sus actitudes.

Usted no debe tener miedo de pedir ayuda, pero es

importante que la persona a quien se la pide comprenda el proceso de recuperación del pesar. El mejor de todos los apoyos proviene de otras personas quienes trabajan a través de sus propias pérdidas. En todas las comunidades encontrará esas personas.

Di una conferencia en la iglesia de una pequeña comunidad de Arizona. El domingo el pastor anunció que el martes yo tendría el gusto de reunirme con aquellos que hubieran experimentado una pérdida. ¡Un total del diez por ciento de la congregación acudió a la reunión!

Experiencias como ésta me enseñaron que la pérdida y el pesar son experiencias universales. Muchas personas responden cuando tienen la oportunidad de compartir y la promesa de una atmósfera abierta y acogedora.

Si busca otros tan ansiosos como usted para trabajar a través de la pérdida y del pesar, no tendrá ningún problema en encontrarlos. Sería espléndido que usted encontrara un guía entrenado en el pesar y en la pérdida. Usted no puede simplemente reunir un grupo y utilizar este libro como su guía. El Apéndice C le proporciona lineamientos específicos para formar un grupo de apoyo y para conducir las primeras doce sesiones.

No se precipite

No tengo fama de paciente. Una de mis queridas amigas, una viuda de ochenta años de edad quien me *adoptó* después de la muerte de su esposo, me llama el *reverendo bomba explosiva*. Este es un sobrenombre que me hizo respingar, únicamente por su exactitud. Siempre he creído que el mejor momento para realizar algo era ayer. ¡Con todo el desdén de mi esposa, camino, hablo y como muy rápido! Vivo en la más alta velocidad, y no podría hacerlo de otra forma.

La mayor dificultad que tuve al escribir este libro fue no poder encontrar la forma de apresurarlo. Tengo mucha simpatía por aquellos de ustedes que tienen problemas y son pacientes con su pesar. Sin embargo, con toda la compasión que pueda reunir, debo decirles esto:

El trabajo del pesar no puede precipitarse.

Trabajar a través de una muerte o de un divorcio tardará por lo menos dos o tres años, y ¡asunto concluido!

Irene trabajó más arduamente que nadie que yo conozca para superar la muerte de su esposo. Después del deceso, me dijo:

—Bob, no tengo intenciones de permitir que mi pesar ¡se apodere de mí! Intento atacarlo con todo lo que encuentre y buscar toda la ayuda que pueda obtener. ¡Yo no tardaré dos o tres años como los demás!

Atacó su pesar. Irene nunca intentó evadir ninguna parte de él, o cualquier sentimiento que le produjera. Podía llorar abiertamente. Se prodigaba ayudando a los demás del grupo de apoyo del pesar. Buscó la ayuda de uno de los mejores psicólogos de nuestra ciudad. No puedo pensar en una sola cosa que Irene pudiera hacer, que no hubiera hecho.

Sin embargo, cuando sintió que había terminado su recuperación, habían transcurrido dos años nueve meses.

Sencillamente, el proceso no puede precipitarse. Tardará más tiempo del que usted cree poder soportar, pero usted puede y lo hará.

En el transcurso, algunos amigos y familiares lo decepcionarán. En realidad, decepcionar es una palabra cortés en lugar de decir destruir. El pesar aterroriza tanto a la persona que no está apesadumbrada, como a la que sí lo está. Actuar a través del pesar y recuperar su equilibrio, requiere de mucha paciencia, mucha, primero con usted mismo y después con los demás.

Más cosas que hacer

Después de terminar el análisis del inicio de este capítulo, compártalo por lo menos con otras dos personas.

En una tarjeta de ocho por doce centímetros, escriba cada una de las aseveraciones enlistadas al final de la página.

Todos los días, concéntrese en una de ellas. Describa al reverso de la tarjeta lo que piensa que significa esa aseveración para la experiencia de su pesar. Comparta esas ideas con cuatro personas distintas. Estas son las aseveraciones:

Estas son las aseveraciones:

♣   *Creo que mi pesar tiene un propósito y un fin*

♣   *Seré responsable del proceso de mi propio pesar*

♣   *No temeré pedir ayuda*

♣   *No intentaré precipitar mi recuperación*

Superándose
a través
de la Pérdida

Encontrando la prueba suprema de la vida

Todos sabemos que el pesar se relaciona con la pérdida. Necesitamos saber que también se relaciona con la superación.

No siempre sentirá como durante las primeras semanas, y los primeros meses después de una muerte, un divorcio, o cualquier pérdida importante. Puede pensar que la tristeza y el vacío subsistirán para siempre. Puede pensar que nunca volverá a sonreír. La tristeza disminuirá y la sonrisa volverá.

Si trabaja en eso, el proceso del pesar se convertirá en un momento de superación. Puede regresar a la cima de la vida otra vez. La salida del pesar no es agradable, es una escalada auténtica. El trayecto está lleno de altas y bajas.

Usted necesita saber que algunas bajas pueden llegar

algunos meses después, incluso un año o más. Si usted sabe lo que le espera de nuevo, puede evitar amargarse. No necesita caer en el engaño de creer: *soy el único que siente así.*

Por ejemplo, si usted ha enviudado o se ha divorciado, tal vez seis meses después de su pérdida alcanzará un punto en el cual se sentirá mejor. Empezará a funcionar más normalmente dormirá mejor, comerá con más regularidad y ejecutará las tareas de rutina que ejecutaba antes de su pérdida. Los días transcurrirán completamente halagüeños. Entonces *surge de repente* algo que lo impactará. Puede escuchar alguna canción conocida por la radio, o ver alguna persona por la calle que muestra un parecido sorprendente con su esposa fallecida. Tal vez sepa que su ex esposo se ha casado de nuevo. Cualquier cosa que suceda tendrá como respuesta un colapso en sus emociones.

Cuando ocurre esto, es muy común pensar que se había evadido y su pesadumbre empezaba de nuevo. Eso sencillamente no es cierto. Usted está exactamente en donde debe.

Muchas personas tienen la misma experiencia. Una viuda comentó:

—Un impacto profundo demuestra simplemente hasta dónde has llegado.

Usted necesita observar estos trastornos como piedras milenarias en el trayecto de la recuperación del pesar y como indicios de superación personal. No son retrocesos sino señales de pasos adelantados. Ocurrirá otra vez.

He dirigido grupos de apoyo del pesar durante varios años. Algunas personas llegan al grupo por primera vez, dieciocho meses después de la muerte de su cónyuge, porque según sus propias palabras:

—Creí que lo estaba haciendo bien, hasta que un día sentí como si estuviera empezando de nuevo.

Los inevitables trastornos emocionales son señales inequívocas de que lo está haciendo bien. Si continúa enfrentando su pesar y trabajando a través de su pérdida, saldrá al otro extremo siendo una persona más fuerte de lo que era cuando empezó.

Uno de los ejercicios que encontrará en un capítulo posterior está diseñado para ayudarle a observar que su pesar es dúctil. Hace que personifique su sentido de pérdida escribiendo una carta que empieza: *Querido Pesar*. En ella describe lo que usted quisiera decir a su pesar, si pudiera enfrentarlo.

El ejercicio continúa con una segunda carta, escrita veinticuatro horas después. Esta carta será de su pesar a usted. Describe lo que usted cree que su pesar quiere comunicarle.

Con este simple acto de escribir cartas, he observado que empiezan una curación y una superación maravillosas.

Cuatro meses después de la muerte de su esposo, Irene escribió lo siguiente:

Querido Pesar:
Eres un bribón. Tomas nuestra energía, nuestras habilidades de organización, nuestros cerebros y haces cosas raras con ellos. Estaba preparada para el pesar inmediato y para sentir la pérdida de mi esposo durante mucho tiempo. No estoy preparada para la desidia, el nivel bajo de energía y la tensión.

Todo eso me impacienta. Obtienes demasiado de nosotros cuando necesitamos poder funcionar realmente. No comprendo por qué.

Debo confesar que también me has dado cosas buenas. Soy más compasiva, comprensiva y tolerante. Me has dado nuevas formas para ser útil, y Dios me mostrará los caminos a seguir. Tal vez sentiré de otra forma respecto a ti después de haber reflexionado más tiempo, pero por ahora no eres uno de mis amigos favoritos. Por tu causa soy una persona mejor, y no debo perder esa apreciación.
Sinceramente, Irene.

Un día después escribió esta carta dirigida para sí misma, de su pesar:

Querida Irene:

Lamento mucho haberte causado tanto dolor. Recuerda que tu pastor dijo en el funeral: el pesar es la más noble de todas las emociones. Realmente es el último regalo de amor que puedes hacer a tu esposo. Así que experiméntalo de una manera normal. Deja que ocurra el momento de tu propio ajuste. Sé que estás trabajando mucho para superar esta fase de tu vida. Te alabo por eso. Sin embargo, quiero decir: sigue y que Dios te ayude. Solamente encomiéndate a Dios. Te sugiero que leas los versículos de la Biblia que se refieren a la muerte. Siento tu conmoción mientras escudriñas esas escrituras. Estás verdaderamente asombrada ante lo que estás encontrando.

Empieza por utilizar tu tiempo más sensatamente. Duerme un poco más una o dos veces a la semana. Te sentirás muy bien. Recuperarás pronto tu nivel de energía. Incluso puedes perder algunos kilos que durante tanto tiempo has tratado de perder. Caminarás con más ligereza, andando el tiempo. Descansarás con más ligereza. Te sentirás fabulosa.

La actitud de Irene expresada hacia su pesar en estas cartas, era la clave para su regreso hacia una vida plena y productiva. De nuevo es una persona con un deleite por la vida y un nivel de energía que relumbra. Es positiva, espléndida y sana. Irene ha manejado exitosamente una terrible pérdida. También ha sido una gran ayuda para docenas de otras personas, en momentos de pérdidas similares.

Un domingo, después del servicio religioso, Irene me tomó del brazo y dijo:

Tengo que comentártelo. Ya no me lastima. Puedo disfrutar los recuerdos de nuestra vida juntos, sin que el dolor por haberlo perdido elimine mi alegría. Ahora estoy lista para vivir plenamente el resto de mi vida.

Ese momento y el brillo de la mirada de Irene permanecen para siempre como uno de mis mejores recuerdos. Será una fuente de esperanza para cualquier momento en que surja mi próxima experiencia de pesar.

El pesar siempre se relaciona con perder. Personas como Irene me enseñaron que también puede relacionarse con la superación y con el triunfo. Cuando usted trabaja a través de sus pérdidas, la clase de superación personal que Irene experimentó también será posible para usted.

Empecé a unir el pesar y la superación, cuando empezaba a reunirme regularmente con un grupo de personas acongojadas. Cuando hablaban de las muchas facetas de su experiencia de pesar, yo sentía algo de la increíble profundidad de la tristeza que acompaña esas pérdidas.

Pero también estaba presente algo más. Observé que esas personas reían juntas, ante lo olvidadizo que uno puede convertirse cuando está bajo la tensión del pesar. Vi surgir nuevas cualidades, talentos y compasión de una persona hacia otra. Esas personas desarrollaron un gran sentido común, cuando compartieron sus experiencias entre sí.

No sabía que alguien más hiciera eso, se convirtió en el lema semanal del grupo.

Una viuda regresó a la escuela, y ahora disfruta la carrera que anheló siempre y que durante muchos años hizo a un lado para estar en casa con su esposo.

Un hombre que según sus propias palabras, *ni siquiera el agua hervida le resultaba bien,* después de la muerte de su esposa se inscribió en un curso de cocina de una academia de la comunidad. Ahora prepara comidas gastronómicas para los amigos.

Algunas personas supieron que podían hacer cosas mecánicas, lo cual antes de la muerte de sus cónyuges nunca creyeron posible. En todo el grupo había una sensación de que la vida había colocado a cada uno ante la prueba fundamental, y todos eran capaces de ¡enfrentarla!

Esto es lo que significa superarse a través de la pérdida:

♣ *Superación significa conquistar un nuevo interés y respeto por la vida.*

♣ *Significa desviar su atención de los elementos comunes y corrientes de la vida hacia sus virtudes.*

♣ *Superación es un gran conocimiento de nuestras necesidades mutuas y un gran sentido de la sagrada dimensión de la vida.*

Nunca he observado que esta clase de superación ocurra como resultado de ganar la lotería, tener éxito en los negocios, o sacar provecho de una ganancia inesperada de cualquier clase. La he observado semanalmente en personas quienes realizan su trayecto a través de la pérdida y del pesar.

Eso no significa que el pesar sea una experiencia digna de atesorarse. Ninguno de nosotros desea sentir el horrible vacío y la desolación que aparecen con una pérdida importante. Por lo tanto, necesitamos comprender que los sentimientos de pesar no nos lastimarán si los enfrentamos y trabajamos nuestro trayecto a través de la pérdida. Las profundidades del pesar hieren, pero puede ser un *dolor creativo.*

Cuando nació nuestro primer nieto, nuestro hijo y nuera eligieron tenerlo mediante el parto natural. Asistieron a los cursos de entrenamiento, y cuando llegó el momento del nacimiento él estuvo con ella como su *asistente* en la sala de partos. Esperamos al otro lado de la puerta en donde estaban los demás abuelos ansiosos. Nos permitieron pasar a ver a la madre y al bebé, unos minutos después del arribo de nuestra nieta.

Las primeras palabras de nuestra nuera fueron:

—¡Nunca volveré a hacerlo de esta forma, duele mucho!

Una hora después el recuerdo del dolor solamente era una parte de toda la experiencia de crear una nueva vida. Al día siguiente era algo que había enfrentado y vencido. Tuvieron dos hijos más por el mismo método. Ese es un *dolor creativo*.

El dolor del pesar también puede ser creativo. Es real y duradero, pero no es permanente. Pasa. No solamente pasa, sino que puede ayudar a crear una nueva vida en todo el trayecto.

La persona más útil para un recién viudo, es otro viudo o viuda. Cuando Irene viene a visitar a una recién viuda de nuestra iglesia, tiene algo que ofrecer que yo no puedo dar. Su presencia es la de alguien quien ha sobrevivido a la experiencia y ha tenido éxito, indica que es una esperanza real para otros. Puedo *decir* que hay esperanza. Irene la ha *vivido*.

He observado varias veces que una viuda presiente el día y hora exacta en la cual otra viuda necesita recibir una llamada telefónica y una palabra de aliento. Esto no es coincidencia. Una vez que usted ha estado así, sabe qué está ocurriendo, cuándo sucede y qué necesita hacerse.

De igual manera, nadie más puede escuchar a alguien en medio de un divorcio, como la persona quien ha estado así y lo ha superado.

—*Sé cómo te sientes* —pueden ser palabras de alivio, o sentirse como uñas de las manos arañando un pizarrón. Depende de quién las diga y de que tenga la experiencia para reflexionarlas. Requiere también de una comprensión sensitiva acerca de que nadie sabe realmente lo que otra persona está sintiendo exactamente, sobre todo acerca de algo tan cargado emocionalmente como una pérdida importante.

Hace algunos años, cuando la industria aeroespacial atravesó por una de sus múltiples recesiones, algunos hombres de nuestra iglesia perdieron sus trabajos. Eran ingenieros y laboratoristas técnicos bien adiestrados y quienes ejecutaban su trabajo con destreza. Estar desempleados era en lo último en que habían pensado, hasta que sucedió.

Un avezado hombre de negocios hizo que muchos de ellos aprovecharan su tiempo. Reunió a estos hombres en un grupo de apoyo y de participación. Allí eran libres para hablar acerca de lo terrible que sintieron cuando los despidieron y cuánto lastimaron su dignidad. No necesitaban ser tan fuertes entre sí como creían tener que ser en su casa y en la iglesia. Se comprendían y animaban entre sí, cuando uno u otro se preparaba para un nuevo medio de trabajo. El grupo se dispersó casi dos años después de haberse formado, porque ya no era necesario.

Esos hombres experimentaron pesar como resultado de la pérdida de sus trabajos, sus anhelos y su sentido de dignidad. Nadie podía ayudarlos a superarlo mejor que como se ayudaron entre sí.

Usted puede decidir superar la pérdida más devastadora ¡de su vida! Una parte importante de la superación del pesar proviene de comprender que estando en el centro de una pérdida que modifica la vida, aún tenemos el control de nuestro destino. Usted no puede elegir todas las circunstancias de su vida, pero siempre puede escoger sus respuestas a cualquier cosa que ocurra.

Le recomiendo que empiece ahora.

¿Cuál pérdida ha sufrido usted recientemente? Recuerde lo ocurrido durante los últimos dos años.

♣ *¿Cuándo ha experimentado periodos de tristeza?*

♣   *¿Qué ocurría en esos momentos?*

♣   *¿Haga una lista de sus pérdidas. Léala en voz alta.*

♣   *¿Qué sentimientos tiene cuando se escucha mencionando sus pérdidas?*

♣   *Escriba los nombres de aquellos sentimientos que le parecen ser los más fuertes. El Apéndice A le proporciona una lista de palabras de sentimientos para ayudarlo.*

♣   *¿Ha tenido experiencias desagradables cuando parece que otras personas son más escrupulosas o descuidadas hacia usted?*

♣   *¿Ha estado enfermo?*

♣   *¿Están algunas de sus relaciones familiares más tensas que lo habitual?*

Todos estos enunciados pueden ser señales de un pesar sin resolver de su vida. Todos son acontecimientos de pérdida. Usted puede transformarlos en acontecimientos de superación.

Para lograr la felicidad que le agradaría disfrutar, ponga atención a sus pérdidas y empiece a trabajar a través de su pesar. El proceso tarda en aprenderse y dura toda la vida realizarlo.

Por fortuna, la vida entera es exactamente lo que se nos ha encomendado como tarea.

Un Conflicto de Resistencia

Vivir después de la pérdida necesita tiempo

De todos los retos que usted enfrenta al trabajar a través del pesar ninguno es más apremiante que la paciencia necesaria.

Si su cónyuge o su hijo ha muerto, usted no puede soportar pensar que recuperarse de esa pérdida se prolongue hasta tres años. Pero rara vez es menos y con frecuencia es mucho más.

Ninguna persona recién divorciada quiere pensar en términos de dos o más años antes de la recuperación de un amor perdido. Sin embargo, si usted trabaja mucho y tiene suerte, es lo que tarda. Cuando las personas realizan una mudanza importante para reubicarse en otro estado, con frecuencia requieren dos o tres años para ajustarse a su nuevo medio ambiente.

La duración de su pesar después de cualquier pérdida importante se prolongará notablemente más de lo que usted espera. Trabajar a través de los distintos pasos de la recuperación necesita mucho tiempo. Para resistir el tiempo necesario usted debe creer que las recompensas merecen el esfuerzo. También debe saber que intentar apresurar el proceso es un ejercicio inútil, y de hecho puede *prolongar* el tiempo requerido para restablecerse.

La carga del pesar es muy pesada

La fatiga es uno de los síntomas más comunes de las personas que trabajan a través del pesar. Es muy pesado. Llevar su carga es cansado. Las personas me dicen que durante los primeros tres a seis meses después de una muerte o un divorcio, están agotadas constantemente.

Cuando Dick perdió un negocio, a causa de un socio sin escrúpulos, estuvo una semana entera en cama, demasiado cansado para bañarse o vestirse.

Si después de una pérdida importante usted está tan cansado que todo lo que hace es un esfuerzo, está reaccionando de una forma normal. Es un peso muy grande y requiere de una cantidad increíble de resistencia para soportarlo.

La depresión que usted puede sentir es una parte de la fatiga causada por la carga de su pérdida. El pesar también eleva el nivel de tensión de su vida. Probablemente no comerá como debiera. Tendrá tendencia a deshidratarse. No realizará el ejercicio adecuado. Puede tener problemas para dormir o para estar despierto. Cualquiera de estas causas hará que se sienta cansado.

La fatiga es una parte normal de la recuperación del pesar. Usted puede querer añadirla a su enorme lista de recordatorios útiles que circulan por toda la casa. Si siente que está llevando todo el peso del mundo sobre sus hombros, está atravesando exactamente por lo mismo que otras personas han pasado después de una pérdida.

Saberlo no facilita soportar la carga de su pesar, pero puede ayudarlo a dejar de añadir más peso en forma de preocupación o culpa innecesarias.

La recuperación del pesar es un trabajo difícil que requiere un máximo de su vigor y paciencia. Como usted quiera denominar a su acción a través del pesar, seguramente la clasificará como un conflicto de primer orden.

Su salud física

Después de una pérdida importante el riesgo de su salud es muy alto. Varios estudios han demostrado que usted está más susceptible que en otras ocasiones a los ataques cardiacos y al cáncer, después de la muerte de un ser querido o de un divorcio. Un estudio a largo plazo demostró que la tasa de mortalidad entre viudas y viudos durante el primer año después de la muerte de su cónyuge, es de *dos a diecisiete veces más alta.*

También se ve incrementado el riesgo de otras enfermedades incluyendo la presión alta, los problemas cutáneos, la artritis, la diabetes y el trastorno tiroidal.

A causa del la tensión emocional del pesar, usted también está sujeto a migrañas, depresión, abuso de drogas y alcohol, dolor de espalda y trastornos de la química sanguínea.

La buena noticia es que no está fuera de control su reacción hacia la pérdida y el pesar. Hay cosas que puede hacer para proteger su salud. Este libro contiene muchos ejercicios y lineamientos que le ayudarán.

Desarrollando la adaptabilidad del pesar

Trabajar a través del pesar es algo así como trabajar para la adaptabilidad física. Aquellos que levantan pesas no pueden empezar con el peso máximo que esperan levantar. Quienes trotan o caminan, no pueden empezar con una distancia máxima. Para lograr sus metas deben trabajar un poco a la vez.

De la misma forma, usted no empieza a manejar el pesar en la forma como lo hará después. Necesita superar su *adaptabilidad ante el pesar* un poco cada vez. No es fácil. Pero es la forma de reequilibrarse en la vida después de una pérdida importante.

Necesitará repetirse a sí mismo:

—*No siempre sentiré como ahora.*

Necesita recordar que algunas veces sentirá peor antes de sentir mejor.

No es raro que durante el primero y el segundo año tenga algunos momentos cuando creerá que el trabajo está terminado. Y entonces ocurre algo que lo sumerge de nuevo en las profundidades de la angustia.

El primer año después de un deceso o de un divorcio, está dominado por recuerdos constantes. Casi cada semana acarrea otro recuerdo de la experiencia de *aquella época.* El primer cumpleaños, el aniversario, o la Navidad, y otras fechas especiales con frecuencia son terriblemente dolorosas.

Una noche de soledad más, o una comida más frente a una silla vacía, puede vencer su resistencia. Le ayuda saber que el primer año después de una pérdida importante no será uno de los mejores de su vida. Tampoco necesita ser el peor. Tiene un propósito y una dirección. Puede llegar la final del año y saber que ha realizado un logro simbólico simplemente porque ha sobrevivido.

Pasar la fecha del aniversario de una pérdida importante, puede ser como el día de una graduación. Las personas me comentan:

—Creí que no podía hacerlo, pero lo hice.

Observo una nueva chispa en su mirada. Han resistido lo peor y sobrevivieron. Usted puede hacerlo también.

El año solitario

El segundo año de pesar requiere de más paciencia

con usted mismo que con nadie más. Después de terminar el primer año, usted puede pensar que la vida volverá a ser normal. No es así. Muchas personas acongojadas llaman al segundo año de pesar su *año solitario*. Dicen que al sobrevivir el primer año usted se compensará. El segundo año comprueba lo solitaria que puede ser esta compensación sin lo que usted perdió.

Parece como si empezara todo de nuevo. Pero no lo está haciendo. Este es un buen momento para incorporarse a un grupo de apoyo del pesar, o de volver al que abandonó.

Una vez que pasó la crisis del segundo año, usted estará listo para iniciar la organización de su vida después de la pérdida. Esto no significa que ya no haya más pesadumbre que realizar. Indica que deberá desarrollar suficientes habilidades para manejar su pérdida.

Los días buenos superarán a los malos con el tiempo y trabajando mucho. Al final del tercer año, el dolor de su pérdida habrá disminuido al punto en el cual parece finalmente dócil.

Tal vez la superación más importante que obtendrá durante la recuperación del pesar sea el sentido de confianza y de dignidad. Ha resistido la peor de todas las experiencias y terminó con éxito. Usted es una persona distinta, más fuerte y mejor que cuando empezó.

El
Uso y el Abuso
de la Religión

Creencias que ayudan o perjudican

♣   *Cuando sufrí un aborto perdí la fe en Dios*

♣   *Mi fe es la razón principal por la cual manejo mi divorcio tan bien*

♣   *¿Por qué Dios me quitó a mi esposo?*

Estas aseveraciones proceden de personas que han experimentado una pérdida importante. Reflejan la vasta extensión de ideas que tenemos acerca de Dios y de la religión cuando aparentemente la vida nos rodea hecha pedazos.

Un poco tiempo después de nuestro matrimonio, el hermano de mi esposa murió en un accidente a los seis años de edad. El fin de semana estuvimos de excursión en el campo, y a nuestro regreso un vecino estaba esperándonos para comunicarnos la trágica noticia. Nos rodearon ondas de impacto e incredulidad, mientras exclamábamos:

—¡Oh, Dios mío, por favor no permitas que sea cierto!

No importaba el hecho de que ninguno de nosotros fuera gente religiosa y que habíamos asistido a la iglesia muy pocas veces en nuestra vida. En el momento cuando estuvimos ante una tragedia, la palabra Dios surgió por delante en nuestro vocabulario.

Durante los meses siguientes, reclamábamos a Dios la muerte de Ronnie. Como Dios era tan cruel, prometimos nunca volver a querer tanto a nadie. Renegamos de Dios. Sin embargo, como la mayoría de las personas, sin importar nuestra actitud anterior respecto a la religión, cuando nos enfrentamos a la muerte y al pesar Dios fue el centro de nuestros pensamientos y conversación.

Religión provechosa y perjudicial

En el momento de una pérdida importante, la fe religiosa tiene dos dimensiones que son polos opuestos. La religión puede ser muy provechosa. También puede ser muy perjudicial.

Sus creencias religiosas pueden proporcionarle un recurso poderoso para actuar a través de los distintos pasos de recuperación del pesar. El arrollador sentido de soledad puede volverse soportable si usted cree que Dios está cerca y que comprende sus sentimientos. Tener el apoyo de una iglesia o de una sinagoga y una vida activa de oración puede ayudarlo a usted a vencer un sentimiento de desesperanza. Tener una creencia de alguna forma de vida después de la muerte puede ser la clave para prevenir al pesar saludable de convertirse en desesperación insana.

El doctor Howard Clinebell, una autoridad internacionalmente reconocida en pesar y pérdida, dice que una fe religiosa sana y el apoyo de una comunidad religiosa tienen una gran habilidad para convertir las *miserables deficiencias* en *ganancias positivas*. Ann Kaiser Stearns, en su libro *Living Through Personal Crisis*, dice:

—La fe es una potente energía cuando representa la confianza de que, con esfuerzo, pueden superarse nuestras preocupaciones.[1]

Pero su fe religiosa también puede obstaculizar su trayecto hacia la recuperación. Si usted piensa que manejará mejor el pesar que las personas sin creencias, su fe obstaculiza el trayecto de su recuperación. De igual forma, si sus amigos de la iglesia creen que mediante la fe el proceso del pesar es de dos días a dos semanas, probablemente lo lastimen más en lugar de confortarlo. Los ministros, sacerdotes y rabinos que no comprenden el proceso saludable del pesar, pueden estorbarlo más que ayudarlo. Los seglares y ministros también pueden tener problemas para enfrentar positivamente experiencias de pérdida como el aborto, el abuso sexual y las enfermedades mentales.

Las tradiciones religiosas que dan a entender que el llanto, la cólera y una incapacidad para funcionar normalmente son señales de una falta de fe, solamente se añaden a su confusión y a su culpabilidad.

Es triste decir que algunas congregaciones están completamente llenas de resabios cuando ocurre un divorcio dentro de la comunidad. Si usted ha pasado por un divorcio, sabe que el rechazo de su comunidad religiosa era lo último que necesitaba durante ese momento tan difícil.

Ruby llegó a nuestro grupo de apoyo a solteros en un estado de extrema nerviosidad. Fue miembro de una pequeña iglesia sectaria que la expulsó porque presentó una demanda de divorcio. Su esposo abusó de ella durante dos años. Finalmente, Ruby solicitó consejo a su ministro. El le aconsejó que era la voluntad de Dios que ella sufriera y que si se divorciaba cometería un pecado.

Soportó otros dos años de abuso antes que pudiera superar la culpabilidad que sentía y se liberara de su esposo y de su iglesia.

No me entienda mal. No digo que las creencias religiosas no pueden ayudar o que las comunidades religiosas siempre dan problemas a quienes sufren pérdida. La religión puede ser una ayuda enorme. De igual manera puede serlo su iglesia. Pero esa ayuda no siempre es tan automática como usted pudiera pensar.

Para evitar la decepción, usted necesita saber que ser una persona con fe no lo exime de seguir el mismo trayecto a través del pesar como cualquier otro más. También necesita comprender que la gente de su comunidad religiosa es humana igual que usted, incluyendo a los sacerdotes. Puedan comprender o no lo profundo de su pérdida y dolor de su pesar.

Una apesadumbrada viuda regresó por primera vez después de la muerte de su esposo, a los servicios religiosos. Cuando cantaron los himnos y se ofrecieron las oraciones, no pudo contener las lágrimas. A causa del sermón hasta cierto punto, se levantó y salió temblando y sollozando en voz alta. Uno de los ujieres la encontró en la puerta y dijo:

—Contrólese, estimada señora. *¡Las lágrimas y la fe no se mezclan!*

Decir algo semejante, indica una ignorancia total del pesar y de la pérdida. También es una mentira teológica. Si de mí dependiera, todas las iglesias tendrían cajas de pañuelos desechables tan visibles como otros símbolos de fe.

El pesar y el creyente

Los pasos a través del pesar y su tiempo transcurrido son los mismos para los creyentes y no creyentes. El doctor Glen Davidson descubrió que la fe o su carencia, según sea el caso, tiene poca diferencia en cuanto al tiempo en el cual las personas se apesadumbran. Todos enfrentan retos semejantes. Todos están obligados a escudriñar dentro de sí mismos. Todos luchan con temor, enojo y culpabilidad. Ser una persona con fe no lo exime de este proceso.

Usted no sufrió porque sea malo o porque Dios quiera probarlo o castigarlo. Otra de las cosas menos provechosas que escuchará es:

—*Es la voluntad de Dios.*

Puede estar seguro que cuando un ser querido ha muerto, algún amigo bien intencionado va a decirle:

—Dios se lo llevó.

Las personas divorciadas escuchan:

—Esto simplemente significó que esta relación no era para ti.

A quienes luchan por adaptarse a un nuevo medio ambiente, les dicen:

—Por alguna razón, Dios te ha llamado a este nuevo lugar.

Aseveraciones como éstas pueden ofrecer algún consuelo a corto plazo. Sin embargo, en el prolongado transporte de la recuperación del pesar esas palabras retrasan más que ayudan a la totalidad del trayecto.

Si usted cree que Dios ha decidido llevarse a su cónyuge, hijo o padre, tendrá abiertamente un problema de pesadumbre. Si usted cree que Dios ha deseado el fracaso de su negocio o el término de su matrimonio, no permitirá que surjan sentimientos importantes como enojo y amargura. Conservar íntimamente encerrados sentimientos como éstos, propicia problemas físicos y emocionales a largo plazo.

Creencias que perjudican

Vivíamos en una pequeña comunidad cuando nuestra hija estaba en la preparatoria. La escuela recibía un apoyo considerable del municipio para sus programas deportivos. Había un sentido de unión estrechamente urdido entre los estudiantes, maestros y padres.

Nuestra hija era porrista junto con otras seis chicas, quienes actuaban en los juegos de futbol y en los desfiles. Durante su último año de estudios, una de las otras porristas murió en un accidente automovilístico. Su novio conducía. Perdió el control en un momento de descuido y el automóvil se volcó lanzando y estrellando a Jan.

El funeral fue celebrado en la única funeraria del municipio. El servicio fue preparado con abundancia de estudiantes, padres, maestros y guías de la comunidad, acongojados. Todo el mundo estaba impactado.

Cuando llegamos, pasamos entre pequeños grupos de adolescentes acurrucados juntos, sollozando incontrolablemente e intentando consolarse entre sí. Escuché varias veces las jóvenes voces que preguntaban cómo había podido Dios permitir que una cosa como esta sucediera.

Más de doscientos pares de ojos anegados en llanto miraban esperanzados al joven ministro que iniciaba el servicio. Cuando empezó su sermón, yo sentí un dolor en la boca del estómago.

Dijo a esa gente acongojada que la muerte de Jan era una bendición. Dijo que Dios paseaba en el jardín celestial buscando la flor más hermosa para cortarla. Jan fue la elegida. Alabó al joven cuyo descuido causó su muerte, y que por tener esa fe en Jesús podía sonreír y alegrarse porque Jan estaba en el cielo.

Quise levantarme y gritar: ¡NO! Probablemente habría empeorado las cosas si no hubiera sido por mi esposa quien estaba más controlada. Colocó su mano sobre mis nerviosos nudillos que se aferraban al respaldo del asiento de frente a mí, y dijo tranquilamente:

—Ahora no. No es el momento.

Tenía razón. Tal vez este libro sea el momento oportuno.

Algunos de esos jóvenes dejaron el lugar pensando que sería mejor no ser tan buenos o que podían ser los próximos en la lista de Dios. Otros decidieron ocultar su pesar y su ira donde se volvieron distorsionados y perjudiciales. El joven quien conducía el automóvil continuó *alabando al Señor*, hasta el momento cuando sufrió un colapso y tuvo que estar bajo tratamiento psiquiátrico.

Conservo ese acontecimiento como el ejemplo clásico del abuso de la religión como un recurso del pesar.

Creencias que ayudan

He aquí un ejemplo del uso de la religión de forma creativa:

Dell y Liz eran seglares activos de su iglesia. Les habían otorgado posiciones directivas y eran prominentes en la comunidad. Todos los consideraban personas afectuosas y solícitas. Fue un impacto general cuando Dell y Liz iniciaron el divorcio.

Además de la intensa emoción que los invadía, sentían que traicionaban a su iglesia, a sus padres y amigos. Al principio hicieron un esfuerzo por continuar dentro de la membresía de su iglesia. Era una extensa congregación con servicios de culto dominical. Parecía posible que ambos coexistieran cómodamente. Pero no fue así.

Dell renunció, pero inmediatamente trasladó su membresía a otra iglesia de la misma confesión.

En el transcurso de su divorcio, ni Dell ni Liz culparon a Dios o a la iglesia de sus desavenencias. Cuando tranquilizaron sus mentes y almas, ambos encontraron la fe en el amor de Dios y aceptaron que era una fuente de esperanza. Los amigos de su iglesia acogieron a ambos con interés, asegurándoles su apoyo permanente.

Andando el tiempo, Dell volvió a casarse y otra vez es un guía importante en su nueva congregación.

Liz no solamente permaneció en su iglesia, sino que rehusó ocupar una posición de menor responsabilidad. En el pasado, ella y Dell guiaron avanzadas para campamentos familiares y programas para parejas. Ahora ella es la organizadora del grupo de apoyo para solteros y de los cursos de la escuela dominical. Aun cuando volvió a casarse, continuó elevado su interés en los programas para solteros de su iglesia. Entusiasmó a la iglesia para establecer un puesto permanente de Coordinador de Solteros y arregló una cadena de personas a quienes podían acudir las personas recién divorciadas. Actualmente la iglesia tiene programas sociales para solteros como una alternativa a que permanezcan solos en casa o a que ronden los bares de solteros.

De la experiencia del pesar verdaderamente real de una pareja ha surgido un programa muy variado de apoyo y curación para los demás. La fe de Dell y Liz fue capaz de circundar algo tan doloroso y desconcertante para ellos, como el divorcio. La congregación estuvo dispuesta a participar en su pérdida y en su pesar, sin emitir algún juicio.

Como todos utilizaron la fe religiosa, algo muy positivo surgió de una trágica pérdida.

La religión y usted

La religión y las comunidades religiosas pueden ser recursos enormes para usted en momentos de una pérdida importante.

Usted debe comprender que la pérdida y el pesar son parte de la vida tanto de los creyentes como de los no creyentes. Todos nosotros estamos sujetos a la desilusión, a la angustia y a la muerte. Cuando usted tiene una pérdida importante lo lastimará.

Buscará la esperanza. La esperanza que le será más útil es aquella que reconoce que la vida nunca volverá a ser la misma, pero insisto en que vivir después de la pérdida aún puede ser pleno y digno. Los recursos de la fe religiosa pueden ser grandes incentivos para encontrar esta esperanza. Si usted cree que Dios ha estado presente mucho tiempo en las pérdidas humanas, se entusiasmará para intentar de nuevo cuando quiera darse por vencido. Usted podrá ser capaz de aceptar nuevos lugares y nuevas etapas de la vida. Sabrá que algún día se apesadumbrará de nuevo ¡y que triunfará otra vez!

---

[1] Ann Kaiser Stearns, *Living Through Personal Crisis*, Ballantine, New York, 1984.

Efectuar
Nuevos
Descubrimientos

Empezar con la pérdida, concluir con la vida

¡**E**s formidable hablar con personas que han hecho su trayecto a través del pesar! Aquellos que han experimentado y se recuperaron de una pérdida importante, me recuerdan a los exploradores y a los aventureros.

¿Ha hablado alguna vez con un alpinista o con un esquiador? Quienes han vencido el pesar se escuchan como la gente que ha realizado esas cosas excitantes y peligrosas. No le hablarán tanto de lo que han perdido como de lo que han *descubierto*. Sus vivencias no solamente estarán activas en los recuerdos del pasado, sino también en nuevos planes para el futuro.

Si recientemente ha tenido una pérdida importante, tal vez no pueda imaginarse a sí mismo pensando en nada más por el resto de su vida. Le aseguro que si trabaja a través de su pesar en la forma como he descrito, no solamente pensará en cosas nuevas, andando el tiempo también hablará como un aventurero.

Jean era una joven mujer con una niña de dos años de edad. Su esposo murió repentinamente después de una operación de corazón abierto. Durante los tres años siguientes, Jean trabajó mucho en su pesar. Era una participante regular de nuestro grupo de apoyo del pesar. Jean aprendió las técnicas de reducción de la tensión y pidió consejo para un plan nutricional para fortalecer su cuerpo para la tarea. En cada paso del trayecto de su recuperación, rehusó tomar la salida fácil. En medio de sus propias luchas se convirtió en uno de nuestros voluntarios más confiables para visitar a las personas recientemente acongojadas.

Cuando ahora reflexiona, Jean puede decirle que la experiencia le enseñó que puede hacer mucho más de lo que nunca soñó antes de la muerte de Joe. Su familia se encarga de que realmente esté más confiada y segura de sí misma. Recientemente compró un globo de aire caliente de brillantes colores y está preparándose para obtener su licencia de piloto ¡un símbolo bastante dramático de la nueva vida que ha descubierto después de una pérdida terrible!

Jean gustosamente renunciaría a su nueva forma de ser a cambio de que Joe regresara. Sin embargo, como el regreso de Joe era imposible, Jean estaba construyendo una nueva vida para ella y para su hija. Cada nuevo día continúa descubriendo claras esperanzas.

En comparación con Jean, que desde el principio fue una persona sobresaliente, Alice era tranquila y tímida. Era una feliz ama de casa y madre de dos hijos, hasta que su esposo enfermó de cáncer. Después de su muerte, Alice atravesó por una etapa muy triste y desconsoladora la cual duró casi dos años. Como Jean, rehusó entregarse al pesar o huir de él. Alice estaba convencida que los fabricantes de pañuelos desechables debían tener un turno extra de trabajadores, ¡para que a ella nunca le faltaran!

Tres años después de su pérdida, trabaja actualmente como recepcionista de un médico. Fácilmente conoce gente, es notablemente más enérgica y viste con colores más brillantes y atrevidos. Alice dice:

—Es difícil reconocer que ahora soy una persona mejor porque se escucha como si me alegrara que Larry muriera. Nada podía esta más lejos de la verdad. Daría cualquier cosa porque regresara. Pero debo actuar como el otro yo que está surgiendo como resultado de haber terminado mi pesar. Reflexiono y simplemente no puedo creer que realmente yo lo hice.

Finalmente el pesar se refiere a realizar nuevos descubrimientos

El pesar empieza con una pérdida terrible y dolorosa, pero puede terminar con el descubrimiento de una nueva vida. Por todo lo que dije en una forma negativa acerca del pesar, también existe un aspecto positivo, si usted trabaja a través del pesar.

Jean y Alice descubrieron una fuerza de carácter dentro de sí mismas como nunca conocieron antes. Cada una surgió con un sentido nuevo de dignidad y seguridad en sí misma. Cada una sabe que está pasando por la prueba decisiva de la vida ¡y triunfaron! Ninguna de las dos desea experimentar una pérdida importante de nuevo, pero ambas saben en lo más profundo de su ser que si ocurriera pueden manejarla. Sólo este descubrimiento ha añadido una nueva dimensión de felicidad y de seguridad a sus vidas.

Usted puede hacer el mismo descubrimiento. Creo que cada uno de nosotros tiene bastante más carácter del que pensamos. Pero, para que surja ese carácter, con frecuencia se requiere de algún acontecimiento importante en nuestras vidas.

El pesar no es solamente un cierrapuertas. El pesar también es un abrepuertas. Es verdad que usted no puede hacer que regrese algún ser querido que ha muerto, o un matrimonio que terminó en divorcio o un sueño perdido. Sin embargo, eso no significa que para usted no haya nada bueno en esta vida. Una vez que enfrente su pesar con toda equidad y dé los pasos necesarios para llegar directamente a su meollo, observará fuentes nuevas de felicidad que antes no podía ver.

Cuando mi padre y mi madre murieron hice un descubrimiento que desde entonces ha enriquecido mi vida. ¡*Aprendí a llorar* ! Antes de sus decesos siempre manejé mi preocupación con reserva estoica. Trabajando a través de mi pesar que siguió a su pérdida, descubrí que estaba realmente sano porque podía llorar. La tensión y la presión que anteriormente almacenaba en mi cuello y espalda habían salido a través de las lágrimas. Mi esposa dice que me convertí en un mejor esposo. Mis hijos tuvieron un padre mejor y mi iglesia un mejor ministro.

En el transcurso de los años he descubierto que, como soy libre para llorar, puedo consolar las lágrimas de los demás. Esta libertad ha abierto muchas puertas nuevas hacia el consejo útil. Pero no aprendí la eficacia del llanto en un libro de texto. La aprendí en el laboratorio de mi propia pérdida y de mi pesar, y permitiendo que yo mismo participara en las experiencias del pesar de los demás.

La actitud y la expectación son importantes

Tan desagradable como puede ser la idea, una experiencia de pérdida no lo inmuniza de pérdidas futuras.

Dan y Dora tuvieron dos hijos. El más pequeño murió a causa de un virus que le causó una inflamación en el cerebro. Poco después de su muerte, se mudaron de Florida a Arizona con la esperanza de que el nuevo ambiente los ayudara a adaptarse a su pérdida. Algún tiempo después nació una niña. Su hijo sobreviviente,

Michael, tenía doce años de edad cuando fue raptado, atacado sexualmente y asesinado con brutalidad. Estos padres perdieron dos de sus tres hijos en el transcurso de seis años.

Dan y Dora me enseñaron muchas lecciones invaluables sobre el valor de enfrentarse al pesar agobiante. Como Jean y Alice, no intentaron evadir el impacto de su segunda tragedia. Al inicio del trayecto después de la muerte de Michael, enfrentaron su pesar por las publicaciones de los medios de difusión.

Como el cuerpo de Michael fue abandonado en el desierto, no pudieron verlo después de la tragedia. Para experimentar la realidad de lo ocurrido, pidieron a la policía que les entregara las fotografías que se tomaron en la escena del crimen. Después visitaron el lugar en donde ocurrió, algunos kilómetros fuera de nuestra ciudad.

Las fotografías de Michael se quedaron en su casa. Diariamente sostenían conversaciones acerca de él. A causa de la publicidad, enjuiciaron al hombre que asesinó a su hijo en otra ciudad a ciento cincuenta kilómetros de distancia. Cuando empezó el juicio, Dan y Dora estuvieron allí. Durante el juicio y después, se comportaron tan sincera y serenamente que se convirtieron en la inspiración de toda la comunidad. Unos meses después de la muerte de Michael, violaron y asesinaron a una niñita de nuestra ciudad. Entre las primeras personas que visitaron a los padres estaban Dan y Dora.

Una de las cosas más importantes que aprendí de Dan y Dora fue que trabajar a través de la muerte de Kevin, su primer hijo fallecido, les ayudó a enfrentar la muerte de Michael. El aspecto más fundamental de esta preparación fue que no esperaban ser inmunes a la tragedia.

Afortunadamente, no muchos de nosotros tenemos que enfrentar la clase de tragedia que Dan y Dora arrostraron. Sin embargo, todos nosotros necesitamos recordar que la peor de las pérdidas *siempre es la nuestra.*

Si después de la muerte de un ser querido esperamos

sufrir el resto de nuestra vida, será difícil soltarnos y apresurarnos hacia la nueva vida. Pero si comprendemos que el uso efectivo del tiempo nos ayudará a través del pesar, tenemos un fundamento para lograr el trabajo y empezar el proceso.

Lo que usted espera descubrir después de cualquier pérdida, desempeña un papel importante en la recuperación de su pesar. La actitud con la cual observe las nuevas posibilidades que surgen para usted es igualmente importante.

Escucho con frecuencia aseveraciones como las siguientes. Las actitudes y expectativas que representan son como piedras que bloquean el umbral de los nuevos descubrimientos.

♣   *Nunca se recuperará usted de una pérdida tan importante como la muerte*

♣   *El tiempo es la única cura para el pesar*

♣   *Si usted ama demasiado a alguien su pesar será peor*

♣   *Nadie más puede ayudarlo con su pesar*

♣   *La muerte de una esposa es más dolorosa que el divorcio*

♣   *Una muerte lenta es más fácil de manejar que una muerte súbita*

♣   *Su pérdida fue la voluntad de Dios y usted no debería objetarla*

♣   *Su pesar desaparecerá si usted se mantiene ocupado*

¡Ninguna de esas aseveraciones es cierta! Confrontar la pérdida y el pesar es un área de la vida en donde la opinión popular cuenta menos que nada. Para construir una nueva vida después de una pérdida usted debe comprender aún mejor los hechos de la pérdida que los de la vida.

Las siguientes aseveraciones son ciertas y representan actitudes y expectativas importantes respecto a la pérdida y al pesar.

♣ *Usted puede recuperar una vida plena después de una pérdida importante de cualquier clase.*

♣ *Curarse del pesar tarda algún tiempo. Pero también requiere trabajar intensamente*

♣ *Será más satisfactorio el trabajo de su pesar, cuando mejor haya sido su relación con quien ha fallecido*

♣ *Muchas personas pueden ayudarle a trabajar a través de su pérdida, especialmente quienes han sufrido pérdidas semejantes*

♣ *El pesar que sigue al divorcio en muchas formas es semejante y en otras distinto al que sigue a un deceso, pero es enteramente igual de doloroso*

♣ *Nunca es la voluntad de Dios que usted sufra ni que sus seres queridos sufran o mueran. La muerte y la pérdida son parte de esta vida mortal*

♣ *Si está demasiado ocupado para enfrentar sus sentimientos y evita hablar de ellos, se expondrá a un alto riesgo de la enfermedad que sigue a una pérdida importante*

Observar la pérdida y el pesar de esta forma le ayudará a organizar una nueva vida. Usted no puede eludir las experiencias importantes de la pérdida. Perderá personas, lugares y niveles de vida que son importantes para usted. Tener una pérdida trágica no significa que no sufrirá otras. Pero puede estar seguro que sus pérdidas abrirán nuevas oportunidades y cerrarán otras ya establecidas.

Características Especiales Oportunas

Señalamientos en el camino hacia la recuperación

Algunas características en el momento después de una pérdida importante tienen un significado especial.

En el capítulo 3 le proporciono una descripción de los pasos que a través de la recuperación del pesar usted espera tener que dar. Los siguientes lapsos son puntos críticos o señalamientos en su trayecto. Cada uno es un periodo del descubrimiento de algo nuevo así como de abandonar una parte del pasado.

El tercer mes

El tercer mes después de la muerte de un ser querido o de haber iniciado un divorcio, con frecuencia es uno de los periodos más difíciles de todos. Entonces ya todos los vestigios del impacto y del entorpecimiento han desaparecido. Todo el impacto de la pérdida recae sobre usted.

En este momento han sucedido tantas cosas que negar su pérdida es imposible. Si su esposa murió, ya ha tenido tres meses completos para tramitar documentos del seguro, certificados de defunción y formas del seguro social. Durante noventa días ha comido y dormido solo. Si murió su hijo, ahora ya sabe que su pequeñito no volverá. Si se ha divorciado, es posible que su ex cónyuge ya tenga un nuevo interés amoroso.

Los ajustes difíciles de este paso en el trayecto hacia la recuperación requieren de un poco de tiempo. Pero, por alguna razón, el tercer mes quedará en su memoria como el más desafiante.

Lori tenía treinta y cinco años de edad cuando su madre murió súbita e inesperadamente. Habían vivido en estados separados desde que Lori y su esposo se mudaron, un poco después de su matrimonio. Durante años ambas mujeres sostuvieron largas conversaciones telefónicas y disfrutaban de su intercambio semanal de noticias.

Noventa días después de la muerte de su madre, Lori vino a verme porque las ideas suicidas dominaban su mente. Estaba segura que su madre había venido a visitarla durante la noche anterior. Su mensaje para Lori era de que se sentía muy sola y deseaba que Lori estuviera con ella.

A la luz del día, Lori sabía que sus impulsos suicidas eran irracionales. Por la noche, tenía más problemas con ellos. Le expliqué que estos fenómenos que le estaban ocurriendo durante el tercer mes de la recuperación de su pesar eran normales. Establecimos una serie de sesiones de consejo y un procedimiento para que ella pudiera llamar si la noche le resultaba demasiado difícil.

Después de reunirnos algunas veces, sugerí a Lori que escribiera a su madre una carta de despedida. Diría a su madre cuánto la había amado y cómo había disfrutado los años que pasaron juntas y la especial naturaleza de sus relaciones. Pero ahora tenía que dejarla ir. Lori necesitaba despedirse porque debía continuar su vida con su esposo y con su familia. Echaría mucho de menos a su madre y nunca la olvidaría. Demostraría su gratitud por todo lo que su madre le enseñó, viviendo una nueva vida con sus propios derroteros.

Después de escribir la carta, Lori debía leerla varias veces al día en voz alta, hasta que lo superara sin volver a conmocionarse. Después traería la carta para que me la leyera.

Lori podía llevar a cabo esta difícil tarea. Probó ser la clave que le permitió hacer a un lado sus ideas suicidas. Cuando enfrentó la realidad de su pesar y comprendió más lo que esperaba de sí misma, Lori estaba capacitada para actuar a través del pesar, sin que éste la amenazara nuevamente.

Haga una anotación en su calendario referente a los tres meses siguientes a que experimente cualquier pérdida significativa. Cuando ocurra una señal inesperada en su reacción, usted puede verificar la fecha y decirse a sí mismo:

—Oh, es que ocurrió hace tres meses _____, y lo estaba esperando.

Este simple ejercicio puede volver normal la reacción de su pesar, hacia una característica oportuna de descubrimientos en lugar que sea de pánico.

Si durante el tercer mes usted no está incorporado en algún grupo de apoyo, intente encontrar alguno. Es un momento cuando hablar con un consejero profesional o con un sacerdote es mejor que el consejo de amigos o familiares inexpertos.

De seis a nueve meses

Este es un momento especial cuando usted necesita concentrar la relación de su cuerpo y de sus emociones.

De seis a nueve meses después de una pérdida importante, usted estaría más vulnerable físicamente que como nunca hubiera estado. El estudio del Dr. Glen Davidson acerca de las personas acongojadas, indicó que durante este periodo aproximadamente el veinticinco por ciento de ellas cae en una disminución de su sistema inmunológico natural. Es muy urgente señalar en su calendario que en el quinto mes también debe hacer una cita con su médico.

El esposo de Pat murió. Su muerte la obligó a cerrar su casa en busca de su juventud perdida y se mudó a un nuevo estado para encontrar trabajo. Tuvo que despedirse de amigos con quienes había sostenido relaciones muy estrechas. Diez meses después, Pat desarrolló una misteriosa enfermedad. Tenía fiebre muy alta, sufría de cansancio y estaba tan débil que no podía caminar sin apoyo. Los análisis revelaron que tenía una deficiencia inmunológica desconocida. Con el tiempo, la enfermedad desapareció tan misteriosamente como había surgido. Pat estaba convencida que el origen de esta angustiosa experiencia está en el pesar que soportó como resultado de sus pérdidas.

Cosas que necesita hacer
para cuidarse físicamente

El Dr. Glen Davidson recomienda las siguientes cosas para que se fortalezca por sí mismo durante el trabajo de la recuperación del pesar. Observando más de cien factores, únicamente se encontró que estos cinco tenían significado estadístico. Entre más pronto empiece será mejor.

♣   *Formar parte de un grupo de apoyo*

♣   *Seguir un plan nutritivo adecuado*

Esto significa comer una dieta sana y bien balanceada. Evite la comida chatarra, los alimentos pesados y el exceso de azúcar, cafeína y alcohol. El Apéndice B contiene una lista de la clase de alimentos que lo fortalecerán y un ejemplo de un plan de menú.

♣ *Beber bastante agua*

Bajo la tensión y el trastorno emocional del pesar, usted tenderá a deshidratarse sin darse cuenta. La mejor regla aprobada es beber por lo menos un tercio de agua más de lo que su sed requiera. Las bebidas envasadas azucaradas, cafeinadas y de contenido alcohólico ¡no son substitutos del agua! De hecho, son substancias deshidratadoras que ocasionan se tome más agua.

♣ *Hacer el ejercicio adecuado*

Cuarenta minutos de caminata acelerada, con frecuencia son más benéficos para eliminar los síntomas de la depresión que ese mismo tiempo de psicoterapia, ¡y sin costo! Siempre le beneficiará hacer levantamientos, caminatas y cualquier nivel de aeróbicos que su médico le permita.

♣ *Descansar bastante*

La mejor regla es continuar durmiendo como lo hacía antes de su pérdida. El capítulo 13 le proporciona algunos ejercicios para que pueda conciliar el sueño y le indica qué puede hacer si despierta a medianoche.

Un año

Usted no necesita señalar la fecha del aniversario de su pérdida en el calendario. Cualquier viuda, viudo o persona divorciada, puede decirle la fecha y hora en que ocurrió su pérdida. Probablemente tampoco usted olvidará jamás la fecha de su última pérdida.

El aniversario de la muerte de un ser querido es particularmente significativo. Algunos meses antes puede haber hecho algo que creía era imposible. Habrá sobrevivido un año entero sin alguien que era tan importante para usted como la vida misma.

Frecuentemente, para muchas personas el aniversario es una mezcla de tristeza y desesperación. De una forma palpable usted recordará lo que ha perdido y cómo lo lastima aún. Pero ha superado el año y tiene más esperanzas para el siguiente.

Los que conocíamos a Lucy, teníamos un interés especial en ella después de la muerte de su esposo. Al parecer no se había adaptado muy bien. Llegaba al grupo del pesar de vez en cuando, y luego lo abandonó. Parecía que estaba perdiendo peso y se apartaba de amigos y vecinos. No quería disponer de la ropa de su esposo o de la colección de sus herramientas que conservaba en un cobertizo de lámina detrás de la casa. Siempre había tenido mucho orgullo por su patio. Ahora era un baratillo.

Cuando se aproximaba el aniversario de la muerte de su esposo nos preocupamos mucho. Las personas del grupo de apoyo del pesar diseñaron un plan para que dos viudas la visitaran por la mañana de esa fecha. Yo la vería por la tarde. Alguien más cenaría con ella esa noche.

Cuando llegó el día, las dos mujeres fueron a ver a Lucy. La encontraron en el patio muy atareada sembrando nuevas plantas. Las herramientas habían desaparecido, las vendió a un vecino. El cobertizo ahora era el área de su equipo de jardín. Cuando llegué a su casa no estaba porque se había ido al club de *bridge* con un vecino. Esa noche durante la cena, dijo a sus invitados que había terminado su responsabilidad de afligirse y que ahora era el momento cuando realizaría su propia vida. Ha continuado siendo una persona feliz y agradable, que sigue encontrando nuevas formas de disfrutar de la vida.

Señale el aniversario de su pérdida de alguna forma. Usted decide qué hacer ése día. Le sugiero:

* *Si trabaja, tome el día libre. Puede desear agasajarse pasando una noche deliciosa en cama y desayunar mientras alguien más cocina sus alimentos*

* *Haga un esfuerzo consciente para recordar a su ser querido. Vea fotografías, cartas, artículos personales cualquier cosa que venga a su recuerdo*

* *Haga llamadas telefónicas o escriba notas de agradecimiento para todos los que usted pueda pensar que le ayudaron durante todo el año*

* *Arregle una cita para cenar con algún buen amigo que conozca su pérdida*

* *Utilizando el ejercicio para las metas que aparece en la página 171, haga nuevos planes para el año próximo*

* *Si vive en una ciudad o estado nuevos, visite el área de su antiguo hogar, o llame a alguien a quien conozca allá*

* *Empiece a estudiar su nueva área. Aprenda algo de su historia*

Cualquiera que haya sido su pérdida, haga que el aniversario sea un momento específico que contemple por lo menos con tanta esperanza como tristeza. Cuando empiece el segundo año después de su pérdida, es el momento de empezar a concentrar su atención más hacia a dónde va que en dónde ha estado.

El mes décimoctavo

Este es el momento característico cuando se da cuenta que su pesar aún no ha terminado. Cuando usted está a un año y medio de distancia de su pérdida, está seguro que los lugares abruptos están detrás. Tiene mejores días que malos. Incluso puede haber aprendido a reír otra vez.

Súbitamente, parece que de nuevo ha regresado al principio del pesar. La tristeza regresa. Los pensamientos acerca de la persona fallecida dominan su atención. Nuevamente las noches que ya eran tolerables se vuelven largas y difíciles.

Si está divorciado puede haber vivido durante estos dieciocho meses en alegre euforia por haber obtenido su libertad, solamente para tener una recaída súbita bajo sus emociones.

Lo que necesita aprender al respecto es que está respondiendo en una forma muy normal a una pérdida importante.

Frecuentemente es cuando las personas ingresan a un grupo de apoyo del pesar por primera vez. Dorothy había escuchado hablar de nuestro grupo por un amigo. Llegó un día para decir:

—Creí que había vencido esto. Nunca realicé algunas de las cosas que la gente decía me estaban esperando después de la muerte de mi esposo. Todo iba bien hasta que empezó este mes. Ahora siento como si retrocediera.

Cuando pregunté a Dorothy cuánto tiempo hacía que había muerto su esposo dijo que hacía dieciocho meses.

El estudio del doctor Glen Davidson acerca de las personas acongojadas muestra la frecuencia de este giro hacia un nivel más intenso de pesadumbre. La gráfica siguiente indica el regreso súbito de esta intensidad entre los meses duodécimo y decimoctavo después de la muerte de un ser querido.

Intensidad de las características de la aflicción durante los primeros meses después de la muerte de un ser querido

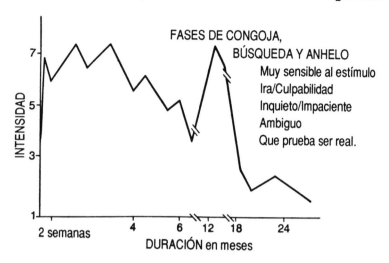

Reimpreso con la autorización de *UNDERSTANDING MOURNING* de Glen W. Davidson © 1984 Augsburg Publishing House.

Las cosas más importantes que deben conocerse acerca de esta sacudida en la senda hacia la recuperación son:

♣   *Esta es una señal de progreso y no de regresión*

♣   *No se prolonga*

♣   *La mejor forma de manejarla es hacer todo lo que usted haría si la pérdida fuera reciente*

Después del segundo año

Una vez que ha transcurrido el segundo aniversario de su pérdida, su interés primordial será adaptarse a la nueva vida que está encontrando. Algunas veces, el mayor reto es admitir que está listo para actuar.

♣ *Puede luchar con un sentido de ser desleal hacia un cónyuge fallecido*

♣ *Usted puede tener un problema con la ira, si uno de sus padres ha muerto y el sobreviviente empieza a salir con alguien o se casa de nuevo*

♣ *Los padres que han perdido un hijo a causa de la muerte, escogen este periodo para empezar a planificar el nacimiento de otro hijo*

♣ *Para la mayoría de las personas divorciadas, el inicio del tercer año es cuando se hace a un lado el matrimonio anterior. Usted puede empezar a dudar de su resolución de nunca volver a casarse.*

Encontrará que el dolor de su pesar ya no es intenso. Fechas y ocasiones especiales aún pueden causarle algún impacto emocional. Pero en general estará más apto para empezar a descubrir que la vida tiene ahora un acervo para usted.

Este es un momento para hacer planes a largo plazo. Puede ser la ocasión para un nuevo guardarropa o un cambio de peinado.

Es el tiempo adecuado para dar significado a su pérdida utilizando las cosas que ha aprendido para ayudar a los demás que están apesadumbrados.

El final del pesar

Es una mentira terrible decir que el final de su pesar es el vacío y la desesperación. Cada una de estas características oportunas son señalamientos en el camino hacia la recuperación.

Nunca sentirá siempre como al principio, a la mitad o al final del pesar. Si usted forma parte de él comprendiendo lo que se espera de usted mismo, encontrará sorpresas agradables junto con todas sus desilusiones.

El pesar no es algo que usted pudiera evadir. Es más difícil y doloroso que cualquier otra cosa que enfrentará en la vida. Tarda mucho tiempo superarlo. Pero también puede ser una ocasión incomparable para descubrir su propia fuerza de carácter.

La persona que conmovió mi compromiso con el pesar y la pérdida, fue Frieda. Cuando su esposo murió después de una terrible lucha con el cáncer, yo esperaba que Frieda se derrumbara. George fue uno de esos hombres grandes, supermachos que podía hacer todo. Tenía una fuerte personalidad que dominaba a toda su familia. Frieda parecía apoyarse en él para su protección y yo me preguntaba si podría sobrevivir a la muerte de George.

Sin embargo, desde el principio observé que surgía una nueva Frieda. Se convirtió en la robusta guía del desarrollo de nuestro primer grupo de apoyo del pesar. Ayudaba a una persona recientemente acongojada tras otra, hasta darse cuenta de la necesidad de reunirse entre sí para que pudieran ayudarse. Me entusiasmó para tomar el riesgo de dirigir el grupo. Durante semanas, su participación abierta de lo que estaba experimentando me enseñó la primera lección para comprender el proceso del pesar saludable.

Un poco después de la muerte de George, Frieda anunció al grupo que había remodelado su dormitorio. Desapareció el oscuro mobiliario característico de George. En su lugar tenía un lecho nuevo con cubiertas escaroladas color rosa, la decoración era muy femenina y el papel tapiz era nuevo.

El pesar de Frieda era profundo y su pérdida extremadamente difícil para que la manejara. Pero daba todo lo que tenía. Encontró en lo que hacía, una fuerza de carácter que la sorprendió más que a nadie. Actualmente, continúa construyendo una vida significativa para ella misma.

Frieda encontró lo que usted puede encontrar. El pesar se encuentra casi de la misma forma como se pierde. No es una enfermedad social sino un proceso de recuperación de su equilibrio después que la vida ha asestado a usted una descarga.

Para resistir las tensiones y los retos de la recuperación del pesar se requiere de disciplina que puede añadir una valiosa extensión a su vida. Puede resurgir de esto considerablemente más fuerte y más compasivo que como era antes.

Hacer estos descubrimientos da una dirección y un propósito a su pesar y lo faculta para vivir su nueva vida con esperanza y alegría.

Optar
por Vivir
de Nuevo

Encárguese de su propio pesar

A través de las semanas después de una pérdida importante, regresan a su vida algunas rutinas normales.

Si usted es empleado, la necesidad del ingreso hará que regrese a trabajar. Si es el padre de hijos pequeños, encontrará que sus vidas continúan y hay que dar atención a sus necesidades. Las mascotas deberán cuidarse y alimentarse. Hay que pagar facturas. Las tareas hogareñas y el arreglo del patio no están de vacaciones mientras usted está impactado.

De hecho, nada es exactamente igual como era antes que usted hubiera perdido a un ser querido por la muerte o por el divorcio, o que se mudara a una ciudad nueva y extraña o que enfrentara alguna otra pérdida importante. Las tareas pueden ser las mismas, ¡pero usted no!

El trabajo que para usted casi era automático ahora parece ser menos que imposible. El llanto normal de sus hijos puede crispar sus nervios. Las rutinarias tareas domésticas se han convertido en faenas penosas.

Su nivel de energía estará muy bajo. Usted puede requerir cantidades excesivas de sueño, o pasar todas las noches contemplando el techo.

Conforme avance durante las primeras semanas, la continuidad de su pérdida llegará al hogar y con ese hecho se acarreará dolor. Las necesidades habituales de la vida requieren su atención. Pero ahora, el dolor parece como tratar de sobreponerse en un día normal con el peor dolor de muelas que nunca padeció en su vida.

Optar por vivir de nuevo

En este momento existe una decisión a enfrentar, que domina todas las demás: *debe optar por vivir de nuevo.*

Esto significa encargarse de su pesar. Durante la primera o segunda semanas gran parte de su vida estuvo fuera de control. Probablemente su pesar se adueñó de usted. Ahora es el momento para que usted se ocupe de su pesar y se dirija hacia la senda de su recuperación.

Ha estado fuera de equilibrio —desmoronado como un panqué sería la mejor comparación—, y ahora es el momento de levantarse, recuperar su sentido de equilibrio y continuar con su vida.

Autorizándose a sí mismo para la pesadumbre

Este ejercicio omite al pesar de la categoría de las cosas que no deberían ocurrir y forma un símbolo de su capacidad para amar.

Si ha tenido una pérdida importante recientemente, el pesar no parece ser algo que pida permiso. El pesar para usted es una *mala palabra.* Describe algo horrible. No es algo para enorgullecerse y usted desea que pudiera desaparecer lo más pronto posible.

Quiero que usted se permita experimentar otra clase de pesar.

Necesitará una lámina de papel rayado de 22 x 28 centímetros.

Siga los pasos exactamente en el orden enlistado:

1. Describa la pérdida que lo condujo al pesar. ¿Hace cuánto tiempo que ocurrió?

2. Escriba todo lo que desee acerca de la importancia de su relación con la persona, lugar o situación que perdió.

3. Describa el dolor y la tristeza que siente a causa de la pérdida. La lista de palabras sentimentales del Apéndice A puede ayudarlo a describir más claramente sus sentimientos.

4. ¿Cuál es el impacto de esta pérdida en toda su vida? ¿Qué más ha perdido a causa de esta pérdida?

5. Lea sus respuestas a los números 2, 3 y 4.

6. ¿Qué le indican sus respuestas acerca del afecto hacia la persona, lugar o situación que perdió?

7. Al considerar el amor que siente por quien sea o lo que esté perdido ¿daría otra respuesta que fuera adecuada, excepto el pesar?

8. En una hoja de papel en blanco, escriba lo siguiente:

La tristeza que siento es un símbolo de honor. En este momento llevo con orgullo la desigualdad de mi vida. Estas expresiones de mi pesar atestiguan la importancia y la profundidad de mi amor por (él/ella/el lugar/la situación). Estoy dispuesto a sentir todo el impacto de mi pesar como un acto final de tributo y amor.

Seguiré mi trayecto a través de esta experiencia y no huiré de él.

Firme esta declaración.

9. Haga cuatro copias. Conserve el original para usted y colóquelo en un lugar visible.

Envíe las copias a otras cuatro personas, de las cuales

por lo menos dos de ellas no sean miembros de su familia. Puede incluir a su sacerdote.

Lo que hará con este ejercicio es establecer un propósito para su tristeza y encargarse de su propia recuperación.

Enfrentar una pérdida del pasado

Si usted describió un acontecimiento sucedido en el pasado hace varios años, no requerirá la misma cantidad de tiempo para trabajar a través de él. Sin embargo, el pesar que experimenta no es menos real.

June tenía más de cincuenta años de edad cuando se dio cuenta por primera vez que había sido atacada sexualmente cuando era muy pequeña. Durante todos esos años el trauma de ese terrible acontecimiento quedó pendiente en el lugar más recóndito de sus emociones, tan dolorosamente que no podía concientizarlo. Cuando llegó por fin la concientización, la acompañó el pesar y una profunda tristeza.

En el transcurso de varios meses ahondó en sus sentimientos más dolorosos acerca de su pérdida. Lo llamaba una pérdida de inocencia. Había sido dañada su confianza fundamental en la vida. Transcurrieron treinta y un años de matrimonio sin que nunca comprendiera por qué no podía gozar plenamente la intimidad. Le parecía como si le hubieran robado muchos goces de la vida.

No había forma de recuperar esos años perdidos o la alegría que pudo tener. Estaba llena de ira, daño y frustración.

Utilizando un método como el ejercicio que usted acaba de terminar, June pudo trabajar a través del pesar y hacerse cargo de su respuesta ante una profunda herida de su vida.

Actualmente, ha recuperado totalmente su equilibrio en relación con ese acontecimiento. Comparte abiertamente su experiencia para ayudar a otras mujeres a comportarse ante esta pérdida tan dolorosa.

Como su esposo, yo estoy muy orgulloso de ella.

Es un gran regalo permitirse a usted mismo apesadumbrarse. Es un paso importante para recuperarse de una pérdida presente o pasada y una clave importante para vivir plenamente después de la pérdida.

Conservar un diario de su trayecto a través del pesar

Un vez que se ha permitido apesadumbrarse, la siguiente cosa importante que tiene por hacer es conservar un diario de su trayecto a través del pesar. Utilice una libreta de taquigrafía o un diario. Al margen superior de la página, indique la fecha y hora de la anotación. Incluya esta información para cada día:

♣ *Un acontecimiento significativo que ocurrió*

♣ *La persona más importante para mí el día de hoy*

♣ *Los cambios que observo me están ocurriendo*

♣ *Mis planes que incluyo para mañana*

♣ *Observaciones para mí mismo*

Haga sus anotaciones por la noche, después de cenar y por lo menos una hora antes de que se vaya a la cama.

Para usted, la importancia de un diario será evidente en el transcurso de algunos meses o un año tal vez. Son lentos los cambios que indican su progreso a través del pesar. Puede creer que no está haciendo ningún progreso y se desanimará. En momentos como estos, lea su diario que le ayudará a recordar en dónde había estado y qué tan lejos ha llegado realmente.

El diario le ayudara a encargarse de la experiencia de su pesar.

♣   *Escribir los acontecimientos de cada día, les confiere una importancia especial*

♣   *Pensar en las personas importantes para usted, lo apartan de la soledad futura*

♣   *Anotar siempre sus planes para el día siguiente, estimula una dirección positiva*

Le sugiero haga las anotaciones de su diario por la noche; cuando está luchando con el pesar, las noches casi siempre son el momento más difícil del día. Se encargará de su experiencia concentrándose intencionalmente en ese momento en su pesar. Yo lo llamo *las apariciones nocturnas.* Funciona.

Cuando termine de escribir su diario, puede querer leer o hacer alguna otra actividad relajante.

Mientras trabaje en su diario, no beba café o chocolate caliente u otras bebidas que contengan azúcar o cafeína. No necesita ningún estimulante químico que interfiera con su sueño reparador.

Si tiene problemas para relajarse, los siguientes ejercicios pueden ser útiles. Me agradan porque son sencillos y efectivos.

Un ejercicio para relajar la tensión

Este ejercicio se conoce como el *Ejercicio de respiración de 8-8-8.*

Siéntese en una silla cómoda con sus pies en el suelo y sus manos con las palmas hacia abajo, descansando sueltas sobre sus muslos.

Cierre los ojos.

Haga lo siguiente:
1. Expela todo el aire de sus pulmones lentamente.
2. Inhale con *lentitud* mientras cuenta hasta ocho. Mientras respira deje que su abdomen se expanda. Cuente: uno-y-dos-y-tres-y... hasta ocho.
3. Contenga su respiración al mismo tiempo que cuenta cuenta hasta ocho.
4. Exhale con lentitud mientras cuenta hasta ocho de la misma forma. Mientras expele, relaje su abdomen.
5. Respire normalmente durante aproximadamente un minuto.
6. Repita esta secuencia varias veces hasta que sienta que se ha calmado su tensión.

Una variación de contar ovejas

Este ejercicio de relajamiento puede realizarse en cualquier momento, pero es particularmente útil cuando no puede conciliar el sueño.

Recuéstese de espaldas en su cama, con las piernas estiradas y las manos a sus costados.

Ejecute varias veces el Ejercicio de respiración de 8-8-8.

Cierre los ojos y mire hasta donde pueda en el interior de sus párpados.

Empiece a contar en silencio simultáneamente de 1 a 100, y de 100 a 1. Se ejecuta así: 100-1, 99-2, 98-3, 97-4, 96-5...

Mientras usted cuenta, descubrirá que sus ojos se cansan. Permita que se relajen hasta una posición cómoda.

En un punto usted empezará a tener dificultad en continuar el orden de la secuencia de los números. Esta es una señal de que su mente empieza a relajarse y se prepara para dormir. No intente forzar a la secuencia para que continúe.

Cuando esto ocurra, imagine una escalera frente de

usted. Tiene veinte escalones de extensión y diséñela como quiera. Hay un descanso a la mitad del tramo.

Imagínese que usted está descendiendo lentamente uno a uno los escalones. Cuéntelos mientras los camina. Uno-dos-tres-cuatro... cuando llegue a diez, deténgase en el descanso. Después descienda lentamente el resto del tramo.

Posiblemente no llegue hasta el final antes de quedarse dormido. *¡No lo impida!*

Si logra realizar todo el descenso, se sentirá muy relajado y descansado. Imagine una habitación que es su retiro privado. Nadie más comparte con usted este espacio. Está arreglado y decorado como usted quisiera que fuera. Es cómodo y acogedor. En este lugar usted está libre de todas las presiones y las preocupaciones. Permítase quedar en esa habitación todo el tiempo que desee.

Habrá descansado aun cuando no se hubiera quedado dormido. He descubierto que veinte minutos de esta clase de relajación resultan igualmente renovadores que dos o tres horas de sueño normal.

Como una variación durante el día, puede sentarse en una silla cómoda, con la mirada fija en algún objeto pequeño o en alguna marca de la pared y empiece a contar hasta que sus ojos estén pesados. Entonces permita que se cierren y empiece a descender por la escalera. Al encontrar su habitación al final, permanezca ahí mientras usted lo desee. Cuando esté listo para terminar el ejercicio de relajamiento, cuente en retroceso en el trayecto ascendente de la escalera. Sus ojos se abrirán cerca de lo alto y usted se encontrará bastante recuperado y despejado.

Cuando simplemente no puede dormir

A pesar de sus máximos esfuerzos, algunas veces despertará a medianoche y no podrá continuar durmiendo. Al parecer le tomará una o dos noches de sueño interrumpido para volver a iniciar el ciclo; sin embargo, podrían transcurrir meses para volver a la normalidad. Este ejercicio le ayudará a reprogramar sus hábitos de sueño dentro de una o dos semanas.

Cree primero un calendario diario de las cosas que tiene que hacer. Divida cada periodo de veinticuatro horas en cuatro partes: mañanas (después de su hora habitual de despertar), medios días, tardes (hasta su hora normal de ir a la cama) y noches (las horas de sueño normal). Planee su tiempo de la siguiente forma:

Mañana: Enliste lo que hará desde que se levanta hasta la hora de la comida. Establezca una hora específica para su comida y consérvela aunque no tenga deseos de comer.

Mediodía: Enliste lo que hará después de la comida hasta la hora de cenar. También establezca una hora específica para la cena y consérvela.

Tarde: Enliste las horas de la tarde desde la cena hasta la hora de ir a la cama. Ejemplo: si usted cena a las 6.00 p.m. y normalmente se va a la cama a las 10.00 p.m. su horario sería:

6.00 p.m. Cena
7.00
8.00
9.00
10.00 Hora de ir a la cama.

Ahora llénelo con lo que hará cada hora de la tarde. Intente seguirlo a través de un plan para cada hora.

Noche: Enliste el tiempo que usted está despierto con mayor frecuencia durante la noche. Después enliste cada media hora desde que está despierto hasta la hora en que despierta normalmente. Por ejemplo: si despierta normalmente a las 6.00 a.m., pero ahora está despertando a las 2.00 a.m. todas las noches, su lista sería:

2.00 a.m.
2.30
3.00
3.30

4.00
4.30
5.00
5.30
6.00

Todas las tardes escriba lo que hará durante los treinta minutos de intervalos desde el momento en que se despierte hasta la hora normal de levantarse. *Esto es crucial:* desígnese a usted mismo tareas desagradables. Limpie alacenas o baños, trapee suelos, actualice su chequera, ¡haga cualquier cosa que no le guste hacer! No incluya refrigerios ni tampoco se recueste en su lecho contemplando el techo. Si regresa a su lecho, utilice una de las técnicas de relajamiento para que usted mismo se ponga a dormir de nuevo.

Muchas personas encuentran que después de algunas noches siguiendo este régimen están durmiendo hasta la hora normal de levantarse sin tener ningún problema.

Aprender a relajarse es una cualidad importante para que usted domine y trabaje su trayecto a través del pesar y aprenda a vivir de nuevo. Igualmente importante es su cambio de actitud acerca del llanto.

Un llanto programado

Este ejercicio está diseñado específicamente para que se desembarace de sus temores, fantasías y reservas acerca del llanto. Probablemente lo utilizará más de una vez durante las primeras semanas y meses después de una pérdida importante. Claramente demuestra que sus emociones no deben guardarse bajo una estrecha sujeción, aun ante la peor de las pérdidas.

Preparación:

Usted estará muy bien. Sin embargo, para mitigar cualquier nerviosismo innecesario, escoja a alguien que será su *guardián*. Esta persona debería saber qué está haciendo usted y conocer las circunstancias de su pesar. Tendrá el número de teléfono de su *guardián* cerca de su aparato telefónico, en caso de que necesite asistencia. Elija una habitación en su casa que tenga una importancia sentimental para usted. Entre sus provisiones incluiría varios cojines grandes, una caja llena de pañuelos, un radio de alta fidelidad y fotografías de quien se ha ido. Haga el ejercicio por la noche.

Realice estas cosas:

Encienda la luz suave. Ponga música suave. Seleccione una estación que toque música sentimental y con pocos cortes, o utilice discos o cintas. Suba el volumen lo más alto que le acomode.

Sienta el impacto del ambiente que ha creado. Permita que lo toque su tristeza. Piense en la persona que ha muerto, o en los sueños de un matrimonio feliz que han desaparecido. O mire las fotografías de las personas y lugares que dejó cuando se mudó a una nueva ciudad.

Recuerde los momentos más íntimos. Piense en su pérdida. Vuélvase hacia su afecto perdido. Exprese en voz alta lo que siente.

Coloque dos sillas espalda con espalda. Siéntese en una e imagine a la persona o personas a quienes ha perdido en la otra. Hable directamente con quien ha perdido. Diga en voz alta lo que está sintiendo.

Como una alternativa, puede desear imaginar a Dios sentado en la silla y comentándole sus sentimientos acerca de su pérdida sin represión.

Abrace un cojín y llore sobre de él. Mézase de arriba hacia abajo. Grite si así lo desea. Manifieste su pérdida. Siéntala completamente. Deje que sus sentimientos lleguen hasta donde quieran.

Sepa que está siendo curado gracias a la liberación del dolor y la tristeza. No trate de esconder sus sentimientos de cólera.

Cuando empiece a sentirse mejor, deje que surja ese nuevo sentimiento. Concentre su atención en los pensamientos positivos que tiene. Exprese en voz alta esos pensamientos positivos.

Cuando esté listo, encienda las luces. Baje la música. Cambie su tema por algo feliz y alegre. Haga a un lado los símbolos de su llanto, los pañuelos desechables, los cojines, las sillas.

Haga ejercicios de respiración; estire sus músculos; haga algunas calistenias simples o corra en el mismo lugar.

Beba uno o dos vasos grandes con agua. Haga un poco de té de hierbas o tome jugo. Tome un refrigerio de manzanas, pan o galletas y verduras crudas.

Tome un baño o una ducha caliente. Lea un libro humorístico. Vaya a dormir.

En cuanto sea posible comente a su *guardián* su experiencia. Cuéntela a su consejero o al grupo de apoyo del pesar.

Inscriba su experiencia en su diario.

Descubrirá que la mayor parte de su vacilación y malestar se ha ido con las lágrimas. Podrá experimentar sus sentimientos con más facilidad y con menos nerviosidad.

Muchas personas encuentran que este ejercicio se asemeja a encender las luces en un cuarto oscuro. Desaparece todo el misterio y el mito asociados con el acto de llorar. Las lágrimas se convierten en un recurso de curación en lugar de ser un problema para usted cuando trabaja a través de su pesar.

Una vez que esté más tranquilo por haber llorado, está listo para enfrentar su pesar de una manera más directa.

Comunicándose con su pesar

Este ejercicio funciona con el pesar como el anterior funciona con el llanto. Disipa la noción de que el pesar es un monstruo de seis cabezas de cierta clase que si usted menciona su nombre lo irrita. Aquí la tarea es comunicarse con su pesar como si tuviera personalidad propia. Hablará y escuchará a su pesar.

Si su ser querido ha muerto, éste es un ejercicio útil en especial aproximadamente tres meses después del deceso.

Escribirá dos cartas. Le sugiero utilizar cualquier papel carta que acostumbre normalmente para escribir a sus amigos y familiares. Para tener un ejemplo, vea las páginas 110 y 111.

La primera carta es de usted a su pesar. Utilice el formato siguiente:

Fecha: _____ *Hora:* _____
Al Pesar:

Sinceramente

Antes de escribir, pregúntese a sí mismo: si pudiera decir a mi pesar lo que pienso y siento, ¿qué le diría? ¿Qué quiero hacer saber a mi pesar acerca de su impacto en mi vida?

Sea tan franco como pueda. Escriba la carta y fírmela.

Exactamente veinticuatro horas después, pero no menos, escriba la segunda carta. Esta será de su pesar a usted.

Utilice el mismo formato de la primera carta, excepto que la dirigirá a usted mismo y firmará: *Sinceramente, El Pesar.*

Antes de escribir, pregúntese a sí mismo: ¿Qué creo que mi pesar va a decirme? ¿Qué quiere de mí?

Después, tan francamente como sea posible, escríbase a sí mismo a nombre de su pesar.

Deje las cartas a un lado un día o dos, en seguida léalas en voz alta para sí mismo.

¿Qué revelaron las cartas acerca de su actitud hacia la experiencia del pesar? ¿Qué cosa nueva puede aprender acerca de usted mismo por las cartas?

Encuentre a alguien con quien pueda compartir las

cartas y hablar de sus descubrimientos. Si usted está en un grupo de apoyo, ésta es una actividad excelente para compartir con todos.

Le sugiero que conserve las cartas con su diario. Aproximadamente dos años después, escriba las mismas cartas de nuevo sin hacer referencia a las originales; después compare sus respuestas. Se sorprenderá que la misma persona haya escrito ¡ambos pares de cartas! Puede encontrar que el segundo parecerá que fue escrito más bien por un aventurero que por un apesadumbrado.

Si comunicarse con su pesar es un problema, también lo es con sus amigos, familiares y compañeros de trabajo. Alrededor hay muchas personas que lo apoyarán con su pesar. Inmediatamente después de cualquier pérdida importante, incluyendo la muerte o el divorcio, la gente deseará que por lo menos actúe como si optara por vivir de nuevo. Querrán que lo haga mucho antes de que esté listo.

La antropóloga Margaret Mead dijo:

—Cuando nace una persona celebramos; cuando se casan nos regocijamos; pero cuando mueren actuamos como si nada hubiera sucedido.

¿Por qué? Porque el nacimiento y el matrimonio son ocasiones cuando la pérdida está dominada por el aprovechamiento de la alegría. En esas ocasiones sabemos qué decir y cómo reaccionar. Sin embargo, observamos como si la muerte fuera el gran *Sello Cancelado* de todos los aspectos de la alegría humana. No sabemos qué decir a una persona acongojada. Estamos terriblemente incómodos en presencia del pesar de alguien más.

Es bueno recordar eso cuando nos llegue el turno de apesadumbrarnos. Cuando las personas no vuelven en el momento cuando más las necesitamos, no es porque no nos amen. Simplemente no saben qué decir o hacer. Se sienten inútiles.

Este ejercicio está diseñado para ayudarlo a comunicarse con aquellos cuyo apoyo usted necesita al máximo.

Incluye a miembros de la familia, amigos, sacerdotes y médicos.

Algo para recordar acerca de quienes no están apesadumbrados

Escriba a máquina o a mano las siguientes frases en una tarjeta o en un pedazo de papel y llévelas consigo por lo menos durante los primeros nueve meses de la experiencia de su pérdida.

1. No esperaré que los demás manejen mejor mi pesar de lo que yo podría haber manejado el suyo antes de mi pérdida.

2. Las personas no pueden ser distintas de como son.

3. La mayoría de las personas desean ayudarme. Tienen buenas intenciones, aun cuando hagan cosas absurdas o perjudiciales.

4. Los demás, incluyendo personas profesionales, no sabrán cómo ayudarme a menos que se los diga.

5. Seré paciente con los demás, como necesito que sean conmigo.

Lleve consigo esta información de tal forma que esté fácilmente disponible. Deseará leerla para alentarse varias veces al día cuando otras personas hagan cosas increíblemente desconsideradas. Por ejemplo, si su cónyuge ha muerto no tardará alguien que:

* *Le preguntará cómo está reaccionando y usted sabrá que la única respuesta aceptable es «bien»*

* *Actúe como si su esposa o esposo fallecido nunca hubiera tenido un nombre. Esto ocurrirá en el momento cuando usted desea que todos sepan que él o ella fue una persona especial y siempre formará parte de su vida*

* *Encuentre una forma para evitar hablar con usted*

♣   *Objete alguna decisión que usted hizo acerca del funeral, del entierro o de los acontecimientos precedentes a la muerte de la persona.*

Si usted comprende que no tiene la culpa de las malas reacciones de la gente, quitará un peso más de la carga que ya está soportando.

Algo que decir a quienes no están apesadumbrados

Haga las siguientes declaraciones mecanografiadas o impresas en papel de color, de buena calidad. Le sugiero acudir a una imprenta que le haga el trabajo al instante. Casi todas las ciudades pequeñas cuentan con una que le proporcionará todo lo necesario.

Mi querida (familia, amigos, pastor, patrón...)

He experimentado una pérdida que para mí es desoladora. Tardará algún tiempo, años tal vez, para realizar mi trabajo a través del pesar que tengo a causa de esta pérdida.

Durante algún tiempo voy a llorar más que de costumbre. Mis lágrimas no son una señal de debilidad o de falta de fe o de esperanza. Son los símbolos de la profundidad de mi pérdida y la señal de que me estoy recuperando.

Puedo enojarme sin que parezca tener una razón para hacerlo. Mis emociones se han incrementado a causa de la tensión y del pesar. Les ruego me perdonen si algunas veces parezco irracional.

Necesito su comprensión y su presencia más que cualquier otra cosa. Si no saben qué decir, solamente tóquenme o abrácenme para que yo sepa que les importo. Por favor no esperen a que yo los llame. Con frecuencia estoy demasiado cansado hasta para pensar en salir a buscar la ayuda que necesito.

No permitan que me aleje de ustedes. Durante el año próximo voy a necesitar de ustedes más que nunca.

Recen por mí solamente si su oración no es para que por mi causa ustedes se sientan mejor. Mi fe no es una disculpa del proceso del pesar.

Si por casualidad, ustedes han tenido una experiencia de pérdida semejante a la mía, por favor compártanla conmigo. No harán que me sienta peor.

Esta pérdida es lo peor que pudo ocurrirme. Sin embargo, me recuperaré a través de ella y viviré de nuevo. No siempre sentiré como ahora. Reiré otra vez.

Gracias por preocuparse por mí. Su interés es un regalo que siempre atesoraré.

Sinceramente

Modifique esta carta de muestra en la forma que vaya de acuerdo con sus circunstancias. Entregue una copia a aquellos cuyo apoyo más necesite. Plasmando por escrito pensamientos como éstos evitará muchos malos entendidos. Las personas sabrán más de lo que esperan de y para usted.

También está afirmando de una forma muy vigorosa que intenta encargarse de la experiencia de su pesar y que se supera a través de ella.

Reintegrándose a la vida

Tomar la decisión de vivir de nuevo después de una pérdida importante no es fácil. Requiere poner por delante de algunas emociones muy potentes su fuerza de voluntad y mental.

Usted no puede esperar hasta sentirse mejor para decidir vivir de nuevo. Debe tomar la decisión porque usted sabe que es correcta, y entonces esperar que sus sentimientos se contengan. Lo harán.

El capítulo siguiente contiene más ejercicios que le ayudarán a llevar a cabo su decisión y a establecer una nueva vida superior después de su pérdida.

Franqueando Nuevos Umbrales

Decisiones que hacen una diferencia

Tomar una decisión es uno de los retos más difíciles que usted enfrentará cuando trabaja recuperando su equilibrio después de una pérdida importante.

Durante los primeros días cuando atiende las necesidades básicas, al tomar una decisión usted actúa como un robot a través de las alternativas.

Después que el aturdimiento y el impacto desaparecen usted experimenta un dolor agudísimo. Tomar *cualquier* decisión requiere de un esfuerzo máximo. Primero están todos los documentos que se requieren para un deceso o para un divorcio; las tareas de alquilar los servicios necesarios en una ciudad nueva, o ajustarse a vivir sin alguno de sus miembros.

Más adelante, tomar una decisión tiene una nueva dimensión. Ahora la presión no es tanto lo que *debe* como lo que *desea* hacer. Es el momento de actuar. Ahora sabe que sobrevivirá a su pérdida.

El dolor aún está allí y hay momentos cuando lastima mucho más que nunca. Sin embargo, ahora por lo menos lo utiliza. Puede parecer que el vacío terrible y la tristeza en la boca de su estómago y el dolor de su corazón siempre han estado allí. Está seguro que todo esto formará parte de usted durante mucho tiempo.

Cindy vino a verme en un nuevo estado de choque, seis meses después de la muerte de su esposo. Un hombre de su oficina ¡le pidió una cita! La aturdió el simple hecho de que debía tomar una decisión. Estaba soltera. No pensaba en sí misma de esa manera. Como la mayoría de las viudas, se diferenciaba de las solteras divorciadas en que se consideraba a sí misma como una persona casada cuyo esposo estaba muerto. Sus amigas divorciadas se consideraban solteras y disponibles para la persona adecuada.

La dificultad en decir sí o no a una cita para Cindy era que tampoco sabía responder a las decisiones que ahora debía tomar y a vivir sin Hal.

Creo que también es la razón porque muchas personas divorciadas se derrumban por la noticia de que su excónyuge volvió a casarse. Simplemente surge de pronto el hecho de que el pasado ha desaparecido realmente. No hay recuperación para eso y la vida tiene que seguir.

Llega el momento de la recuperación del pesar de cualquier pérdida importante, cuando usted sentirá como si estuviera de pie en una enorme y fría habitación sin ventanas pero con muchas, muchas puertas. Sabrá que algún día deberá dejar esta habitación. No es un lugar agradable, sin embargo, escoger una puerta no es fácil.

La habitación está llena de los recuerdos e imágenes de su pasado y de la terrible pérdida que ha experimentado. No está seguro de que sea mejor lo que le espera detrás de las puertas. Usted así lo espera, pero no puede ver cómo la vida podría ser cálida y acogedora de nuevo.

Salir de la habitación es dejar su pasado. Puede llevar

sus recuerdos consigo, pero eso es todo. Cualquier elección que haga lo conducirá hacia una vida nueva y distinta que nunca ha tenido antes.

Es el momento de elegir.

Earl Grollman dice en su libro, *Time Remembered:*

—Es un riesgo intentar nuevos comienzos... Aunque para usted el mayor riesgo es no arriesgar nada. Porque no habrá *ninguna* posibilidad futura de aprender y cambiar, para continuar el trayecto de la vida... Usted es fuerte para persistir. *Será más fuerte para enfrentar nuevos comienzos.* [1]

Un ejercicio para establecer metas

En su diario o en otro bloc de anotaciones, complete el siguiente cuestionario:

Fecha: _____

¿Qué tareas necesito terminar durante los próximos siete días?

Si no tuviera que hacer esas cosas, ¿qué me gustaría hacer durante los próximos siete días?

¿Cuáles obstáculos me aguardan para hacer la mayoría de las cosas que deseo realizar?

¿Cuáles recursos tengo para vencer esos obstáculos?

¿De quién requiero ayuda para hacer las cosas que deseo realizar?

¿Qué me gustaría hacer durante los próximos noventa días?

¿Cuáles recursos espirituales necesito encontrar o recuperar que me ayuden a continuar con mi vida?

¿Cómo será mi vida dentro de un año a partir de hoy, si continúo mi trayecto?

Elija una de sus metas de la lista de cada uno de los siete, noventa días, y de un año. Escriba aquí cada una de estas metas e indique cómo sabrá cuándo ha alcanzado cada una de ellas.

7 días:

90 días:

1 año:

Seleccione un recurso espiritual que quisiera encontrar o recuperar. Haga una cita con su ministro, sacerdote o rabino para discutir esta meta. Si no pertenece a alguna comunidad religiosa, pida a un amigo que le proporcione una referencia.

Durante una semana a partir de esta fecha, haga una anotación diaria en su calendario para verificar su meta de siete días.

Empiece a trabajar en cada meta que seleccionó no después del día siguiente de la fecha inscrita al margen superior de su cuestionario.

Conserve un registro en su diario de su progreso de cada una de las metas que seleccionó. Si cumplió con una, elija otra de la misma categoría. Si es obvio que una meta es irrealizable, elija una alternativa. Si surge una nueva meta, acométala.

Comente sus metas y las fechas en que se cumplieron, con un amigo quien lo mantendrá responsable.

Al final de la primera semana, establezca una nueva meta para los siguientes siete días. Continúe este procedimiento por lo menos durante el primer año.

Estableciendo metas a corto, mediano y largo plazo para sí mismo, usted está franqueando los umbrales hacia su futuro. Alcance o no las metas no es problema. Lo más importante es que está empezando a realizar nuevas elecciones para vivir después de la pérdida.

El siguiente paso es doloroso. Quiero que usted lo sepa antes de empezar el ejercicio. También es muy importante para que continúe su recuperación.

Escribiendo una carta de despedida

Nunca es fácil decir adiós. Cuando sus invitados se van a casa o usted deja a sus parientes favoritos después de una visita, el momento de partir tiene un elemento de tristeza.

Despedirse de un ser querido fallecido, del final de un matrimonio o de los lugares y personas a quienes usted consideró su hogar lastima indeciblemente.

Sin embargo, antes de franquear nuevos umbrales de su vida, debe cerrar otros que ahora están en el pasado. No significa que olvide a la persona o los recuerdos tanto como pueda olvidar a sus amigos cuando regresan a casa después de cenar.

Decir adiós significa que usted ya no compartirá su vida con una persona, un lugar, una etapa de su vida, o que ya no tendrá una parte de su cuerpo.

Es un acto de abandono afectuoso de una parte de su vida que siempre será importante en su recuerdo, pero sin la cual ahora debe vivir.

Es importante despedirse cuando usted se aleja temporalmente de gente que le importa, y es más importante decir adiós a aquellos a quienes nunca volverá a ver en esta vida. Es exactamente igual de importante decir adiós a lugares y sueños perdidos.

Para empezar, piense en quien o en lo que estaba perdido para usted como el origen de su pesar. Regrese a su diario y mire lo que escribió en el ejercicio titulado: *Autorizándose a sí mismo para la pesadumbre.*

Utilice su papel carta favorito para escribir. Si no tiene dotación, compre algo como si fuera a escribir a alguien muy importante. Utilice una pluma fina. Esta carta merece lo mejor que encuentre. Por favor no utilice lápices o papel de anotaciones.

Dirija su carta de la manera siguiente:

Si es una persona fallecida, utilice el saludo que acostumbraba cuando vivía.

Si es a un matrimonio que ahora está terminado, dirija la concentración a su pérdida como si fuera una persona. Puede o no ser su ex cónyuge.

Si se trata de un lugar, diríjase como si fuera una persona. (June y yo escribimos a *Nuestro Querido Hogar...*)

Si es un sueño destrozado, un negocio fracasado o una etapa de la vida, diríjase en forma personal.

Después de dirigir su carta, reconozca de inmediato que es para decir adiós.

Después proceda a decir a la persona o al acontecimiento personalizado cualquier cosa que le gustaría haber expresado, pero que no lo hizo.

Agradezca expresamente las cosas que recuerde.

Si escribe a un ser querido que ya ha muerto, autorice a esa persona el haber fallecido.

Comparta sus esperanzas y la visión de la vida que vivirá después de su pérdida.

Firme la carta como acostumbra.

Espere veinticuatro horas y entonces lea en voz alta su carta para usted mismo. Léala varias veces diariamente durante varios días.

Cuando pueda leerla sin interrupciones, aun entre lágrimas, léala a algún amigo, consejero o sacerdote.

Conserve la carta con su diario y con los demás ejercicios escritos como un momento histórico en el trayecto hacia su recuperación.

Después de la muerte de su esposa, Ken escribió lo siguiente como una parte de su carta:

Querida Mae:

Tú y yo siempre tuvimos al Señor con nosotros. Si no fuera así no sé qué haría ahora. Eso es lo que nos sostuvo durante tu enfermedad y ahora mi fe y confianza en mi amadísimo Señor es lo que me sostiene.

El gran vacío que ha dejado tu muerte en mi vida aún es muy profundo.

¿Cómo un "nosotros" se convierte en "yo"?

¿Cómo un "nos" se convierte en "mí"?

¿Cómo un "nuestro" se convierte en "mío"?

Por que Dios existe, creo que siempre seremos "nosotros", "nos", y "nuestro", en mi corazón. Por mi fe puedo dejarte al amor y al cuidado de nuestro Señor hasta que nos reunamos de nuevo en su Reino. Hasta entonces, adiós.

Esta carta ayudó a Ken a soltar su fijación hacia Mae y a actuar hacia una nueva vida para sí mismo que en su momento incluyó a otra esposa.

Utilizar los recursos de la religión

Respecto a que sea o no una persona activamente religiosa, los recursos de la religión son importantes para usted.

El pesar no es la primera de todas las experiencias intelectuales. Los conceptos filosóficos religiosos no van a ayudarlo. Este no es el momento para debates acerca de lo *verdadero* de la religión.

Lo animo a que encuentre el sacerdote y la iglesia o sinagoga de su área que tenga el mejor programa para el apoyo del pesar. Cualquiera que sea la orientación religiosa del grupo, le ayudará.

Lo que los recursos de la religión ofrecen al máximo son la esperanza, el alivio y un sentido de un gran significado para vivir. Usted se beneficiará con todo esto cuando empiece a franquear nuevos umbrales hacia su vida.

Iniciando un grupo de apoyo del pesar

El mejor sistema de apoyo mientras trabaja a través de su pesar es un grupo de otras personas quienes también hayan experimentado la pérdida.

Uno de los nuevos umbrales que puede elegir para franquear es organizar o iniciar ese grupo. Puede escucharse difícil, pero le aseguro que no lo es.

Usted no necesita tener un guía entrenado, pero si hay alguno disponible es un mérito que se añade. Usted puede ser capaz de encontrar un consejero que actuará como recurso de referencia, si alguien del grupo muestra señales de pesar deformado.

La pérdida y el pesar son experiencias tan comunes que al anunciar la formación de un grupo de apoyo casi en cualquier parte conseguirá la gente que necesita. El grupo no tiene que ser mayor de tres o cuatro ni exceder de ocho o diez sin un guía entrenado.

Los ejercicios que proporciono en este libro son útiles como actividades del grupo. Todos han sido comprobados durante un mínimo de cinco años en grupos que he conducido.

Su iglesia o sinagoga son fuentes excelentes para conseguir las personas para el grupo. Su pastor, sacerdote o rabino puede proporcionar un lugar de reunión y tal vez ayude en la conducción.

Un grupo de apoyo debería planear reunirse un mínimo de doce sesiones sobre la base de una o una hora y media por sesión semanal. Personalmente me agrada un grupo activo en donde las personas permanecen todo el tiempo que desean. Este modelo también proporciona el acondicionamiento de un lugar de referencia para las personas recientemente acongojadas.

En donde el pesar de alguno se vuelve deformado, el grupo proporciona una atmósfera encantadora en donde puede aconsejarse la búsqueda del consejo profesional necesario.

¿Cuánto tiempo estaría usted en un grupo de apoyo? Hasta que sienta la necesidad y haya franqueado todos los umbrales que desea abrir hacia la nueva vida.

Recuerde que todo el primer año después de una pérdida importante está dominado por las experiencias del *primer lapso sin.* Al menos durante ese año usted necesita todo el apoyo que pueda obtener.

Un grupo de apoyo también le permite que su propia pérdida tenga un significado utilizando su experiencia para ayudar a los demás. ¡Eso no es poca cosa! El Apéndice C contiene una descripción más detallada de cómo reunir un grupo y qué hacer durante las primeras sesiones.

Hacer que su pérdida se transforme en dolor creativo

Cuando se ha involucrado con el pesar de otras personas usted tendría que saber algo: *Compartir el pesar de los demás es como jugar con lodo. No puede hacerlo sin que le quede algo.*

Habrá algunos momentos cuando usted esté seguro de que lleva toda la carga que puede soportar con su propio pesar. No podrá ver cómo puede manejar la de nadie más.

Sin embargo, existe un maravilloso misterio acerca del pesar. Entre más comparta el pesar de los demás, más controlará su propio pesar. No será menos doloroso. Pero parece considerablemente más manejable.

Cuando comparta sus luchas y descubrimientos con los demás y escuche sus relatos, encontrará que su dolor se transforma en un dolor creativo. Tendrá propósito, significado y una dignidad que usted no sentía antes.

Las personas que conozco quienes mejor han recuperado totalmente su equilibrio después de una pérdida importante, son quienes dijeron más de sí mismas a los demás.

Jeanne perdió a su esposo de cuarenta y nueve años de edad después de una breve enfermedad. Entonces ella tenía setenta. Poco después prodigó su vida a las necesidades de los demás. Hizo amistad con una joven madre cuyo esposo se había suicidado y la apoyó a través de las crisis de la depresión. Cuida a una hermana algunos años mayor que ella, es voluntaria en un abastecimiento de alimentos de la comunidad y es consejera de una institución pre-escolar. Ahora tiene más de ochenta años ¡y aún está fuerte!

No puedo diseñar un ejercicio que le indique cómo transformar el dolor de su pesar en un dolor creativo. Solamente puedo decirle que allí están las oportunidades si usted franquea los umbrales que tiene delante.

Otro umbral que siempre está ante usted después de una pérdida importante es la necesidad de perdonar a alguien. Su fracaso en franquear este umbral puede bloquear su habilidad para dejar el pasado y actuar plenamente en la nueva vida.

Un ejercicio de perdón

Las dos chispas casi seguras que se desprenden del pesar son la ira y las relaciones interrumpidas. Es tan cierto en caso de un deceso como en el de un divorcio. Es un factor en la reubicación y en otras pérdidas importantes.

Creo que usted puede hacer esta suposición y nunca equivocarse: *Si ha experimentado el pesar, hay alguien a quien necesita usted perdonar.*

Por supuesto que es posible que haya alguien quien necesite perdonarlo a usted. Pero ésa es su tarea. Usted necesita perdonar y ésa es la tarea de usted.

Empiece con este análisis.

¿Quién es la persona con quien sus relaciones no son las mismas desde su pérdida?

¿Culpa a esa persona por alguna participación en su pérdida?

Hasta donde usted conoce sus sentimientos, ¿está enojado, resentido o rencoroso hacia esa persona? Si así es, ¿por qué?

¿Puede perdonar a esta persona y expresarle su perdón? Si es capaz de perdonar, determine cuál es la mejor forma de hacerlo.

Si su ira aún sobrevive, continúe con este análisis.

¿Qué le está haciendo el resentimiento? ¿Cómo está afectada su dignidad?

¿Qué otras relaciones están afectadas?

¿De qué manera su ira les está robando energía y alegría? ¿Afecta la ira su sueño?

Comparta los resultado de este análisis y sus sentimientos con un amigo de confianza quien no esté involucrado en el problema o con un sacerdote.

Determine por qué no puede perdonar. Encuentre las razones profundas para su herida y su ira.

Escriba una carta de perdón a la persona ya sea que sienta o no ese perdón. Escriba como si deseara perdonarla.

Coloque la carta en un sobre y déjela en su diario. Cuando haga su anotación diaria, lea la carta en voz alta para usted mismo. Cuando sus sentimientos cambien, haga cambios en la carta. Quédese con ella hasta que pueda empezar a sentir que perdona.

No envíe la carta ni actúe en relación con ella hasta que esté totalmente listo para perdonar.

Le sugiero escoger una ocasión con un significado especial para que usted actúe de acuerdo con su perdón.

Otorgar el perdón le traerá más bienestar a usted que a quien perdonó.

La importancia del tacto

Durante esos primeros días después de su pérdida cuando el aturdimiento y el impacto han sobrecogido su sistema emocional, nada le comunicará a usted más afecto que el tacto de otra persona.

En el transcurso de los meses siguientes, apreciará a

las personas quienes no intentaron encontrar las palabras adecuadas para poder expresarse y quienes solamente lo tomaron por un brazo o lo estrecharon en un momento oportuno.

El tacto de otro ser humano cuando usted ha experimentado una pérdida importante cuenta más que en ningún otro momento de su vida.

Aprendí esto mientras visitaba un hospital local. Mi personal y yo estuvimos proporcionando servicios pastorales suplementarios de tiempo completo al capellán protestante. La primera emergencia que atendí fue en la unidad de cuidados intensivos para bebés.

Un bebé nació prematuramente y no estaba bien. Cuando llegué, el recién nacido estaba conectado a máquinas especiales que lo hacían respirar y registraban todas sus funciones. Después de un tiempo era claro que simplemente no estaba suficientemente desarrollado para sobrevivir.

Llegó el momento para tomar la decisión de desconectar la vida artificial. Estreché las manos de los padres mientras desconectaban los alambres y los tubos. Llevamos al bebé al cuarto de la madre, en donde cada uno de nosotros tomó su turno para abrazarlo, estrecharlo y llorar mientras moría.

Yo nunca había tenido una experiencia semejante antes. Primero, me pareció cruel someter a los padres a abrazar a su bebé moribundo. Solamente necesité los primeros segundos de mi turno abrazando al bebé, para darme cuenta de la sabiduría de la experiencia.

No era un feto o *eso*. Era una persona real, merecedora de amor y de pesar porque estaba muriendo. Me sentí bien al abrazarlo y llorar y al decir a sus padres lo hermoso que era. La madre y el padre lo desenvolvieron, admiraron cada dedo de sus manos y de sus pies y le prodigaron las caricias que solamente ellos eran capaces de dar.

Durante los meses siguientes hablé con los padres varias veces. Se afligían por su hijo de una forma adecuada, pero también estaban orgullosos de él. Era suyo. Lo habían tocado. El los había tocado. Yo lo toqué y él también a mí. En cierta forma nunca comprenderá totalmente, soy un mejor ministro y una persona más compasiva a causa de ese bebé quien únicamente vivió unas cuantas horas en este mundo. Sé que ocurrió porque nos tocamos.

Le comento esto con la esperanza de que se motivará para tocar y ser tocado, aun en esos puntos de la recuperación de su pesar cuando usted esté más inclinado retirarse.

Puede pensar que tocar o abrazar no es muy adecuado en esos momentos, como cuando lo hice en el hospital. Quiero hacerle saber que no solamente es adecuado, sino que es formidable para usted.

Ahora, cierro cada sesión de nuestro grupo de apoyo del pesar reuniendo a las personas en un círculo cerrado en donde nos tomamos de las manos como si rezáramos. Creo que el tacto es tan vital para nuestro bienestar como la oración.

También me encuentro a mí mismo abrazando viudas, viudos, padres que han perdido hijos, a quienes vienen en busca de consejo porque se han divorciado y a todos quienes han sufrido una pérdida y que vienen a hablar de ella. A muchos de ellos nunca los había visto antes de esa ocasión. Tampoco me han evadido o rechazado.

El doctor Leo Buscaglia ha enseñado a la gente que los abrazos son muy buena medicina para cualquier cosa que nos angustie. Pueden ser salvavidas cuando el pesar nos está ahogando.

Haciendo la paz con el pesar

Este ejercicio requiere la ayuda de un amigo con una voz agradable y amena. Su propósito es ayudarlo a estar más en paz con su pesar y a sentir más libertad para franquear los umbrales hacia una nueva vida.

Necesitará una grabadora de cintas y una cinta en blanco.

Pida a su amigo que grabe el siguiente mensaje, que lo lea exactamente como está escrito. El narrador hablará en un tono agradable y a un nivel de velocidad moderado. En donde aparezcan tres puntos suspensivos(...) significa estar en silencio durante tres minutos antes de continuar. La mejor forma de medir el tiempo del intervalo es contar uno-y-dos-y-tres.

Por favor, tome un instante para relajarse. Siéntese derecho en una silla cómoda, con los pies sobre el piso y las manos sueltas sobre su regazo. Quítese los zapatos, los anteojos y afloje cualquier ropa ajustada. Asegúrese que no haya interrupciones del teléfono u otras distracciones.

El narrador grabará este mensaje, el cual usted reproducirá en la grabadora:

Por favor, concentra tu atención en tu respiración. Observa que respirar lenta y rítmicamente te ayuda a relajarte...haz unas respiraciones profundas...muy bien.

Ahora haz lo que llamaremos una respiración pacífica. Es una clase especial de respiración profunda que indicará a tu cuerpo y a tu mente que es el momento de estar en paz. La respiración pacífica se realiza de la siguiente forma: exhala todo el aire de tus pulmones. Inhala por la nariz lentamente con el conteo de ocho...exhala la respiración enérgicamente por la boca.

Después de dos o tres respiraciones pacíficas observarás una sensación de hormigueo...esta es tu señal de que te estás relajando profundamente en tu interior.

Continúa respirando lenta y profundamente; respira por la nariz y expira por la boca. Cuando lo hagas, cierra los ojos, si es que no lo has hecho antes...muy bien...ahora, con los ojos cerrados dirígelos hacia la izquierda, lo más retirado posible, como si fueras a mirar tu oreja izquierda. Continúa mirando intensamente hacia la izquierda... observarás que tus músculos y párpados de los ojos están tensos completamente...

Eso está muy bien, porque yo quiero que experimentes la diferencia entre calma y tensión. Cuando yo cuente hasta tres, deja que tus ojos regresen al frente y siente que la tensión desaparece uno...dos...tres...

Siente una punzada de calma alrededor de tus ojos y detrás del cuello, continúa respirando lenta y profundamente...por la nariz y a través de la boca...

Empieza a relajar todos los músculos de tu rostro...alrededor de tus ojos...en tus mejillas...tu frente...tu cabellera...bajando a tu boca y barbilla...puedes notar que tu boca se entreabre...está muy bien...continúa respirando de la misma forma...por la nariz y a través de la boca...

Deja que los músculos de tu cuello se relajen...que tu cabeza se incline hacia adelante...estás sintiendo que el relajamiento y la calma van hacia tus hombros...recorren tu espalda...siguen a la mitad de tu espalda...continúan bajando hacia tu cadera...

Deja que esta misma calma continúe a través de tus brazos hacia tus manos y dedos...que baje a cada pierna y a tus pies y dedos. Continúa respirando lenta y profundamente por la nariz y a través de la boca.

Puedes notar los latidos de tu corazón...algunas personas dicen sentir u oír que la sangre circula por sus arterias. Cualquier cosa que sientas es la forma como tu cuerpo se calma y relaja...

Regresa a tu coronilla y haz una lista verificando la calma...¿puedes encontrar algún sitio en donde aún exista tensión?...si así es, deja que la tensión se disipe...

Continúa relajándote y en paz...la mayor paz que

hayas sentido en mucho tiempo...concéntrate de nuevo en tu respiración...con cada exhalación coméntate a ti mismo que estás relajándote más...

Cuando estés completamente relajado...toma tiempo para disfrutar tus... sensaciones... deja que tu cuerpo disfrute la sensación de calma...deja que llegue a tu estómago e intestinos...

Cuando estés en estado de relajamiento y de mucha calma, deja que tu pesar se una, no es algo que duela o lastime como antes...es una parte natural de la vida...estás en paz con el pesar como con tu cuerpo. Continúa con tu respiración...

Deja crear a tu imaginación una nueva vida para ti como te gustaría que fuera en el futuro...observa las perspectivas para ti. Concéntrate en tu deseo para ti mismo, cuando respires coméntate a ti mismo en cada aspiración: lograré mi sueño...añade cualquier cosa que quieras decirte a ti mismo...

Cuando termines este ejercicio descubrirás que te has recuperado como si hubieras disfrutado de un sueño reparador. Estarás relajado, lleno de energía, tendrás una nueva sensación de bienestar y una nueva resolución para tu vida...

Utilizando tu respiración pacífica, en cualquier momento puedes volver a este estado tan plancentero... ahora respira de una manera normal y simple...cuando yo cuente en regresión de cinco a uno, abrirás los ojos y estarás completamente alerta... cinco... cuatro... tres... dos... uno... ¡Muy bien!

Puede encender esta cinta para usted mismo cuantas veces lo desee. Lo más efectivo es en cualquier momento después del noveno mes.

Cuando llegue al punto de franquear nuevos umbrales para su vida, no solamente tendrá derecho a una sensación de calma, sino también a *mimarse* a sí mismo pero sólo un poco.
Las siguientes sugerencias se dan para ayudarlo a cuidar de sí mismo. Su imaginación puede añadir otras a la lista.

Está bien vivir de nuevo

Hay algunas cosas que puede hacer y son relativamente simples, pero que comprenden fuertes imágenes simbólicas para franquear los nuevos umbrales:

♣ *Cambie su estilo de peinado en algo completamente distinto. Que sea de su elección ciento por ciento*

♣ *Tenga su propio colorido en el vestuario. Esto significa conseguir una persona quien le ayude a escoger los mejores colores que armonicen con el tono de su piel y de su cabello. Compre alguna ropa nueva en su mejor color*

♣ *Haga el viaje que siempre quiso hacer, pero que no pudo a causa de las responsabilidades que ya no tiene*

♣ *Remodele a su gusto una habitación de su casa. Algunas veces pueden hacerse maravillas solamente con pintura o papel tapiz y algunos accesorios*

♣ *Cambie la rutina de sus alimentos, incluyendo la hora y el lugar*

[1] Earl Grollman, op.cit.

Su
Mejor
Amigo

El final del trayecto

Anadie le gusta perder. Perder siempre lastima, ya sea una pequeña pérdida y un pequeño dolor o algo igual a la muerte de su hijo y a un gran dolor.

Usted desea ser un triunfador si es una persona normal y sana. Usted creció aficionándose por relatos de éxito. Le enseñaron a creer que lo mayor es lo máximo, que más es mejor y que lograr es mucho más agradable que perder.

En algún lugar de su trayecto tuvo una pérdida pequeña. Era uno de esos desengaños que pueden *arruinar* su vida por lo menos durante cuarenta y ocho horas. Algún amigo bien intencionado preguntó:

—¿Qué hiciste para merecer eso?

Usted estaba seguro de que debió haber hecho algo.

Ahora usted ha tenido una pérdida importante. Ha

impactado su vida durante más de un año. El pesar se ha convertido en su compañero constante. Ha agotado sus emociones y robado su alegría. Usted no merece el sufrimiento por el que ya ha pasado.

Ha experimentado pesar, pero únicamente por una razón. Usted está vivo. No merece el dolor o el agotamiento, el vacío, la tristeza o la frustración. Espero que a estas alturas sepa que Dios no deseaba su pérdida. No existe un sistema de la justicia divina que lo haya castigado por sus errores.

Usted es un ser humano. Mientras esté vivo, experimentará alguna pérdida de vez en cuando. Algunas pérdidas serán pequeñas y pronto las olvidará. Otras cambiarán el curso de su vida.

Cuando transcurra la fecha de aniversario de una pérdida importante de su vida, por lo menos hay algo bueno que decir: ¡usted lo logró! Esto parece especialmente cierto cuando su pesar se debe a la muerte o al divorcio.

Corresponde finalmente a usted el que sus pérdidas importantes lo destruyan o que lo ayuden a convertirse en una persona mejor y más fuerte. Nadie puede realizar su superación a través de la pérdida, pero nada puede evitársela. Cuando usted dice:

—Logré que transcurriera este año, usted estará reconociendo el mayor logro de su vida.

En algún momento entre el primero y el segundo aniversarios de su pérdida, usted descubrirá un nuevo mejor amigo, usted mismo.

Ha estado sumergido en las profundidades. Ha enfrentado las peores experiencias de su vida. Más de lo que nunca pudo imaginar ha soportado más dolor durante mucho tiempo. Ha tomado decisiones que algunos meses antes era imposible que realizara. En medio de su propio dolor, usted ha encontrado a otros que también se han apesadumbrado.

Ahora está empezando a considerar las posibilidades de una nueva vida. Usted no pidió una nueva vida. No la deseaba. Sin embargo, aquí está usted realizando lo máximo de ella. Parece ofrecer sus propias alegrías.

A pesar de la soledad por la que atraviesa, usted está recuperando su equilibrio en la vida. Ahora ya sabe que después de todo usted es una persona notable.

Atravesando por los sitios más difíciles en su trayecto de recuperación del pesar, reconoce ser mejor que como nunca lo fuera antes. Cuando construye su nueva vida después de una pérdida, necesita conocer realmente sus fortalezas y debilidades.

Este ejercicio podría ayudarle a identificarlas con mayor claridad.

Mejor amigo—peor enemigo

Divida a la mitad verticalmente, doblándola o dibujando una línea de arriba a abajo, una hoja de papel de 22 X 28 centímetros.

En el margen superior izquierdo escriba *Peor enemigo*. En el derecho escriba *Mejor amigo*

Ahora reflexione en las siguientes aseveraciones:

♣   *En cierta manera cada uno de nosotros es nuestro peor enemigo*

♣   *Igualmente, uno mismo puede ser su mejor amigo.*

♣   *Como nuestro peor enemigo, creamos conflictos internos y dificultamos más la realización de las cosas que deseamos o necesitamos hacer.*

♣   *Como nuestro mejor amigo, aportamos destrezas, dones y cualidades especiales para cualquier cosa que estamos haciendo*

Al lado izquierdo del papel, enliste las formas en las cuales usted es su peor enemigo.

En el lado derecho, enliste las formas en las cuales usted es su mejor amigo.

Examine ambas listas.

¿De qué manera puede su *mejor amigo* ayudar a su *peor enemigo?*

¿Permitiría su peor enemigo que le ayudara un consejero profesional? Si es así, busque esa ayuda. Comparta sus listas con su grupo de apoyo del pesar, con su sacerdote o consejero.

Continuando su trabajo a través de la pérdida y del pesar, durante el segundo año las tareas que tiene por realizar no son tan abrumadoras como las que dejó atrás. Probablemente su periodo más difícil sea alrededor del mes décimo octavo, cuando algo de su antiguo rencor e impaciencia pudiera aparecer. Como lo dije antes, no perdurará. Ahora también ha encontrado recientemente un mejor amigo en usted mismo, quien le ayudará a pasar este obstáculo en su trayecto hacia la recuperación.

Si se está recuperando de la muerte de un cónyuge o de un divorcio, la mayor parte de sus energías estará dedicada a encontrar las salidas para deshacerse de la soledad. Otras pérdidas importantes pueden dejarle la misma tarea.

Aquí está una fórmula de tres palabras para llevar a cabo esta tarea: *Soltar... Reorientar... Reunir.*

Soltar

Es muy doloroso soltar los lazos emocionales a esa parte de su vida que se ha perdido.

Aun pensar en otra persona después que su cónyuge ha muerto parece desleal o pecaminoso.

Su carga de decepción después de un matrimonio destrozado puede ser abrumadora.

Es muy brusco desprenderse de las ataduras sentimentales hacia el lugar en donde ha pasado la mayor parte de su vida.

Nunca recuperará totalmente su equilibrio en la vida

hasta que deje ir su atadura emocional hacia lo que ha perdido.

Piense en su pérdida. ¿Es el momento para que usted suelte su atadura emocional hacia quien ha muerto? ¿Hacia el matrimonio que nunca se realizará? ¿Hacia una etapa de su vida en la cual usted ha encontrado especial significado? ¿Hacia alguna otra pérdida?

Tony está atravesando por un momento muy duro para aceptar el hecho de que está pasando los cuarenta años. La presencia de una cantidad creciente de canas es una verdadera amenaza para él. No puede alejar completamente de él su imagen de hombre joven. Su hijo mayor tiene veinte años de edad y Tony le hace irrazonables reclamaciones. Nada de lo que hace su hijo le agrada a Tony. El hijo cree que su papá desea que se vaya de la casa y así no tenga que verlo. Creo que tiene razón, pero no por las causas que el hijo supone. Lo único que está mal en el hijo es su edad. Para Tony es un recordatorio vívido y ambulante de que se está haciendo viejo.

Tony ha sostenido algunos amoríos con mujeres jóvenes durante los últimos años. Bebe demasiado y con frecuencia despilfarra el dinero.

Tony no quiere soltar su terror de envejecer pronto; hay cierta duda de que pueda conservar su familia por mucho tiempo.

Soltar su atadura no significa olvidar o negar la importancia de esa parte de su vida. No significa que usted no ame a su difunto hijo o cónyuge o padre. Significa que usted comprende que esta persona ya no formará parte de su vida presente, sino que solamente vivirá en sus recuerdos. Usted va a soltar su atadura con el fin de poder franquear por sí mismo los nuevos umbrales hacia la vida.

Los ejercicios titulados: *Escribiendo una carta de despedida y haciendo la paz con su pesar y franqueando umbrales* que aparecen en el Capítulo 14, le ayudarán a soltarse.

Reorientar

El siguiente paso es permitirse a sí mismo empezar a reorientar su vida hacia nuevas direcciones. No vencerá la soledad *pensando* en soluciones. No soltará una atadura del pasado *esperando* que se calme ella sola. Vencerá la soledad interesándose en otras personas. Una vez que descubra que su mejor amigo es usted mismo, puede compartir su amistad con otras personas. No solamente piense en esto, hágalo.

Aquellas personas a quienes conozco que hacen todo lo posible por eliminar la soledad de su vida después de una pérdida importante, son las más involucradas ayudando a otras personas acongojadas, en los servicios de la comunidad, en su devoción hacia los miembros de la familia, y en desarrollar nuevas amistades.

Soltar su atadura del pasado también es una conducta *activa*. Suelte las ataduras y reoriéntelas hacia el presente.

Para un viudo o una viuda, eso podía significar una nueva relación con una persona del sexo opuesto. Para un padre quien perdió a su hijo, significaría concentrar la atención en otro niño de la familia, tener un bebé o adoptar un niño. En la nueva ciudad, significa desarrollar solidaridad hacia los equipos deportivos locales, incorporarse a grupos cívicos y llegar a conocer las características especiales de esa comunidad.

El ejercicio del Capítulo 14 titulado *Está bien vivir de nuevo* es una muestra de empezar a reorientarse hacia una nueva vida.

Otra buena aproximación es pensar en algo que deseaba hacer antes de su pérdida, pero que no pudo. Hágalo ahora.

Susan siempre quiso hacer un viaje por balsa a través del Gran Cañón. Jim, su esposo nunca fue partidario de eso. El tema fue origen de más de una pelea familiar.

Cuando Jim enfermó de cáncer Susan olvidó todo lo referente a la balsa y al río. Dedicó todas sus energías a Jim y a permanecer durante su tiempo libre siempre juntos.

Aproximadamente catorce meses después de la muerte de Jim, Susan llevó a sus dos hijos a hacer un viaje a través del Gran Cañón. Fue una decisión difícil para ella, y tuvo momentos de llanto y tristeza durante el viaje. Pero fue el punto decisivo en la recuperación de su pesar. Ahora ha regresado a la escuela, tiene un buen trabajo y recientemente tuvo su primera invitación para salir, con todo el beneplácito de sus hijos.

Cuando escriba su diario, empiece a concentrar sus planes en hacer cosas nuevas y conocer gente nueva.

Reunir

Reunir es el paso final. En este punto de su vida, usted ha reorientado sus emociones hacia cosas presentes. Es capaz de amar a otra persona en el matrimonio, si esa fuera una alternativa para usted. No se siente forzado a visitar la tumba de su hijo, aunque puede llevarle flores los días festivos, en los cumpleaños y en otras fechas especiales.

Recuerdo muy claramente la ocasión, casi tres años después de habernos mudado a Arizona; cuando regresábamos de una visita a nuestra antigua ciudad, el viaje hacia *Arizona* fue como volver a casa. Cuando nos detuvimos en la frontera derramamos algunas lágrimas por habernos dado cuenta. Fueron las últimas señales de tristeza para establecernos en nuestro nuevo hogar con alegría.

No puedo decirle cuándo estará listo para otro matrimonio, otro hijo, un trabajo distinto o una nueva ciudad. Tal vez nunca escogerá nada de eso. Lo importante para usted es que si lo desea pueda ser capaz de hacer estas cosas.

Cuando ha soltado el pasado, reorientado hacia el

futuro y reunido el presente, aún tendrá problemas simplemente porque está vivo, pero la soledad no será uno de ellos.

Pérdida y sexualidad

Si usted es viudo o divorciado, la realización del sexo es un factor significativo en su nueva vida después de una pérdida.

Encuentro que quienes son viudos tienen una época más difícil para hablar de la sexualidad que quienes son divorciados. Además de esto puede ser que las edades a las que enviudaron o se divorciaron las personas influya. No porque las viudas tengan sesenta o setenta años ya no se interesan en el contacto sexual. Solamente que vienen de una época en la cual el sexo no era un tema que se discutiera en público, y por supuesto ¡no con su ministro!

Si usted es una mujer que perdió a su esposo a causa de la muerte, es una de los diez millones de viudas de los Estados Unidos. Si tiene un poco más de treinta años, las oportunidades de que se case de nuevo son de no más de una entre dos. Las probabilidades bajan rápidamente después de los cincuenta.

Cada año el número de recién viudas es el doble que el de recién viudos. Por esto, la mayoría de hombres mayores son casados; la mayoría de mujeres no lo son.

Después de escuchar hablar a personas divorciadas y viudas, me parece que las viudas permanecen solteras más que las divorciadas. Casi siempre eso se debe al sentimiento de lealtad que tiene la persona viuda hacia su cónyuge fallecido. También existe una absurda *regla* cultural en nuestra sociedad que asegura que las personas divorciadas son más aptas para satisfacer el deseo de intimidad que las viudas.

Eso parece particularmente raro cuando usted considera a la persona viuda, que llega de una relación en donde hubo más intimidad durante más tiempo que la divorciada.

Tanto las personas viudas como las divorciadas dicen que los encuentros sexuales casuales son más un problema que la frustración y la soledad de la abstinencia.

Es útil para muchas personas encontrar formas para sublimar la energía sexual. Cualquier cosa que realice, ya sea artística, creativa o social, la utilizará como parte de su sexualidad de manera creativa.

Algunas personas valientes han dicho abiertamente que la masturbación descarga la tensión por un momento; sin embargo, no sirve de nada ante la necesidad de hablar, abrazarse y acariciarse con otra persona.

Yo le aconsejo hablar acerca de este problema. Requiere comentarlo en grupos y con los consejeros. No hay respuestas fáciles u oportunas. Ser moralista o severo con usted mismo o con los demás no sirve para ningún propósito útil.

En su magnífico libro *The Survival Guide for Widows*, Betty Jane Wylie se dirige a las personas viudas o divorciadas cuando dice:

—...los límites de su conducta dependen de usted y no de la aprobación de la sociedad que lo rodea.[1]

Asuntos de dinero

El dinero forma parte de la senda de su recuperación. Puede parecer un enorme salto del sexo al dinero, pero también esto es un aspecto de particular importancia para los viudos o divorciados.

Cuando pregunté a un grupo de viudas qué les gustaría decir más a las parejas jóvenes preparándolas para la pérdida de un compañero, unánimemente respondieron con inquietud acerca de asuntos monetarios.

Posiblemente su nivel de ingresos disminuirá si usted es una persona viuda o divorciada. Si es mujer puede ser que necesite buscar trabajo por primera vez en años. Si es un hombre divorciado con hijos, tendrá que conocer los hechos del mantenimiento de los niños y los gastos de dos casas.

Mis amigos viudos le dirán que si su difunta esposa manejaba la chequera y pagaba las cuentas, tome un curso de contabilidad. Mis amigas divorciadas le dirán que si usted es mujer, tramite su propia líneas de crédito tan pronto como pueda. Haga una pequeña compra que pueda solventar y páguela a plazos.

Los riesgos que necesita saber acerca del manejo de presupuestos y tarjetas de crédito son más de los que tuvo antes. Con el trastorno emocional y el trauma de trabajar a través del pesar, lo último que usted necesita son los problemas financieros.

La nutrición y su nueva vida

La nutrición y la aptitud física son recursos vitales para su recuperación. Un poco más adelante se explican los papeles de la alimentación y el ejercicio en la recuperación del pesar. Mientras más aprendo acerca de la importancia de estos factores, más comprendo por qué algunas personas son capaces de manejar su pesar mucho mejor que otras.

Hal llegó a verme porque estaba deprimido. No estaba bien adaptado a una carrera de contrariedades y decepciones personales. Había estado con psicólogos y psiquiatras. Había tomado medicamentos para la depresión y estuvo en un grupo de terapia para inadaptados sociales. Nada de eso fue útil. Estaba sintiéndose peor.

No quise ver a Hal porque conocía la naturaleza altamente capacitada del tratamiento que había recibido. Intenté recomendarle un psicólogo, pero lo rechazó. Hice una cita con él sin saber qué probaría de inmediato.

Cuando llegó y empezamos a hablar, dijo algo que impulsó mi interés hacia su dieta. Le extrañó un poco que yo hablara de lo que comía en lugar de sus problemas emocionales. Se extrañó más cuando le pedí que consultara con un dietista de la localidad antes de que habláramos más.

Al día siguiente me llamó con una voz excitada y esperanzada. Los análisis mostraron que padecía hipoglicemia, bajo nivel del azúcar en la sangre. En casos extremos puede afectar dramáticamente los estados de ánimo.

Seguramente ése era el caso de Hal. Cambiando su dieta, su depresión desapareció en menos de dos semanas. Su capacidad para relacionarse con los demás volvió a la normalidad. Fue capaz de trabajar y de adaptarse a sus pérdidas con nueva energía y decisión. Ninguno de los anteriores problemas volvió a presentarse.

Hal pudo haber continuado la terapia durante años, tomando los medicamentos y aún así observar su dignidad abatida constantemente. Todo lo que necesitaba para empezar una vida nueva completamente era un cambio en los alimentos que comía.

Es importante para usted que ponga atención en su nutrición durante todo el transcurso de la recuperación de su pesar como sucedió con Hal. Posiblemente usted no tenga problemas del azúcar en la sangre, pero hay una posibilidad enorme de que pueda ser alérgico a algún alimento. Muchas veces, esas alergias o sensibilidades tendrán un considerable impacto en su energía emocional.

Existen algunas reacciones químicas que ocurren en varios alimentos de forma natural, y que tienen un efecto positivo en su nivel energético y en sus estados de ánimo. Algunos de estos agentes disminuyen la fatiga. Otros provocan sueño, calman los nervios y reducen la sensibilidad hacia el dolor. Otros acrecientan el pensamiento.

Las altas dosis de cafeína, azúcar y alcohol no le ayudan a manejar la tensión del pesar. Una dieta pesada en alimentos fritos para nada sirve.

El Apéndice B contiene una lista de las clases de alimentos más útiles para usted.

Una de las mejores inversiones que puede hacer

cuando realiza su trabajo del pesar es consultar con un dietista. Pregúntele las cosas adecuadas para que coma y los alimentos que debería evitar.

La aptitud física

También le recomiendo que ejecute todo el ejercicio físico que pueda soportar. *Uno de los mejores ejercicios es caminar, además de ser un gran recurso para combatir la depresión.* Siempre es una buena idea antes de empezar un programa de ejercicios extenuantes que su médico le haga un examen general.

Muchas ciudades tienen balnearios curativos o clubes. Si puede pagar el costo, tiene efectos sociales tan buenos como la contribución a la aptitud de su vigor para el trabajo del pesar.

Armonizar con la vida

Cuando se dirige por la senda de la recuperación de su pesar, usted puede ser su mejor amigo. Ese es uno de los grandes descubrimientos del trayecto de la pérdida hacia la vida.

Todos los ejercicios que le he proporcionado son formas que pueden ayudarle a recuperar un gusto por vivir y una profunda sensación de felicidad. No es fácil y no llega rápidamente. Sin embargo, usted puede surgir de las profundidades de su pérdida como alguien en la cúspide de la vida.

Un día usted sentirá que es el momento para abandonar el pasado y armonizar el futuro y el presente. Cuando llegue ese día usted habrá terminado el trayecto y el trabajo. Será de nuevo una persona íntegra.

[1.] Betty Jane Wylie, *The Survival Guide for Widows*, New York, Ballantine Books, 1984.

CAPÍTULO DIECISÉIS

Preparándose para la Pérdida

Una nueva dimensión total

¡**N**o hay forma de prepararse para la pérdida de un ser querido!

Muchas veces habrá escuchando decir esto. Usted puede habérselo dicho a sí mismo. En realidad, la mayoría de nosotros no cree que haya una forma de prepararse para cualquiera de las pérdidas importantes de la vida.

Sin embargo, a pesar de que muchos de nosotros creamos que no hay forma de prepararse para la pérdida, ¡no es cierto!

Si usted no ha experimentado una pérdida importante, necesita saber que no está desamparado ante la posibilidad de un acontecimiento inevitable en su vida. Usted puede prepararse para las pérdidas incluyendo la muerte de un cónyuge, hijo, padre, hermano, amigo, divorcio, una mudanza a un nuevo estado o ciudad, jubilación del trabajo, hijos que se van de la casa, cirugía mayor, la pérdida de un trabajo y cualquier otro cambio importante en su vida.

Sufrir una pérdida importante alguna vez no le da una seguridad de que no tendrá más. Aun cuando no estuvo preparado la primera vez, no hay razón para no estarlo ahora.

Marge, cuyo esposo estuvo enfermo durante muchos años, descubrió su nerviosidad acerca de su menguada salud. Dijo:

—Me siento como una hormiga en la senda de una avalancha. Todo está fuera de control y precipitándose hacia mí. Todo lo que puedo hacer es esperar su muerte porque sé que llegará. No hablo de eso porque no sé nada que pueda hacer al respecto. Espero en silencio.

Rompiendo el silencio

Lo primero que usted puede hacer para prepararse para la pérdida es romper la conspiración del silencio respecto a ella. Muchas personas tienen una superstición que dice:

— Si hablas de algo malo, ocurrirá.

Creo que la mayoría de nosotros sabe que es una idea tonta, sin embargo nos quedamos callados.

Una viuda me dijo:

—Bill y yo nunca hablamos de la muerte. El creyó siempre que si hablábamos de ella, uno de nosotros podía morir.

Nunca hablaron de la muerte, sin embargo de todas formas él murió a la edad de ochenta años. Dejó a su viuda con muchas cosas que nunca le dijo y con un sentido profundo de culpa mezclado con el dolor de su pesar.

Dos años después de su muerte ella no podía conservar todas las plantas y el follaje que él plantó alrededor de su casa. Quiso decirle que a causa de su artritis no podía cultivar el jardín como él, pero nunca tocaban el tema.

Temía que se molestara porque ella pensaba en su muerte. Finalmente, tuvo que mandar quitar las plantas. Después de eso estuvo algunos meses atravesando por una profunda depresión porque estaba segura que lo había traicionado de nuevo.

Prepararse para la pérdida es prepararse para la vida

Prepararse para la pérdida no es una acción morbosa. No es volverse pesimista ante la vida, sino que es un optimista quien también es realista. No es decir:

—*A mí no me sucederán cosas malas.*

Es decir:

—*Puedo superar cualquier pérdida en mi vida.*

Usted no evitará el dolor del pesar o los pasos a través del pesar descritos en este libro. Sé que no hay forma para conformarse, vencer o evitar la angustia de una pérdida importante. Prepararse para la pérdida es fortalecerse usted mismo para la tarea de encargarse de su pesar. No es fácil ni agradable. Pero es necesario y posible.

Tan pronto como decida que hay cosas que usted puede hacer para prepararse para las pérdidas inevitables de la vida, ha empezado a encargarse de su propio destino. Esto en sí puede ser una nueva experiencia. Ya no sentirá que es vulnerable o desvalido. Las circunstancias imprevistas e impredecibles de la vida no tendrán el mismo poder para aterrorizarlo.

Mientras escribo estas palabras verídicas, el teléfono me interrumpió con una llamada de un familiar cuya hija de tres años acababa de morir en un accidente. *¡Los acontecimientos trágicos que ocurren en este mundo!* No siempre puede evitarlos. Puede estar preparado para enfrentar el pesar que sigue a sus pérdidas.

Preparando su cuerpo para el pesar

La salud física es tan importante como la mental

cuando trabaja su trayecto a través de una pérdida importante. La buena nutrición, el ejercicio físico, los líquidos adecuados y el descanso suficiente, todos son importantes *durante* el pesar. Son igualmente importantes como medios de *preparación* para el pesar. Cualquiera que sean sus limitaciones físicas o su edad, puede lograr un óptimo nivel de salud *para usted* con muy poco trabajo.

Le sugiero que su médico le haga un examen para encontrar el mejor plan dietético y el nivel de ejercicio para su situación particular. No espere hasta experimentar una pérdida para cuidarse a sí mismo.

Nadie hace perfectamente el trabajo del pesar

Según mi experiencia, aquellos que tienen expectativas irreales de sí mismos no manejan bien el pesar y la pérdida. Si usted es una de esas personas que siempre exigen solamente un poco más de sí mismas, añadirá una frustración y una culpabilidad inútiles a su pesar. Nadie hace perfectamente el trabajo del pesar. Es un momento de soltarse y de escabullirse, de tres pasos hacia adelante y tres hacia atrás, en el cual usted hace lo máximo posible y descubre que no fue suficiente.

Para prepararse para la pérdida, elimine cualquier prototipo irreal que tenga de sí mismo y cambie sus expectativas. Aprenda a ser más paciente consigo mismo antes de enfrentarse al reto del pesar.

Aun cuando hasta ahora no ha experimentado una pérdida importante, trabaje algunos de los ejercicios de este libro. Pregúntese a sí mismo cómo respondería ante la muerte de un ser querido, a la reubicación en otra área lejos del panorama y de los rostros conocidos, o a un divorcio. Hacer contacto con sus sentimientos acerca de la posibilidad de esos acontecimientos es una forma de empezar a prepararse para las pérdidas que son inevitables.

Para nadie la pérdida y el pesar son experiencias

placenteras. Pero nos ocurren a todos nosotros en algún momento y con frecuencia más de una vez. Usted *puede* prepararse para la pérdida en las formas simples pero importantes que he delineado aquí.

Posiblemente el mayor beneficio de la preparación no es lo que hace para vivir *después* de la pérdida, sino qué hace para vivir *antes* de la pérdida.

Lo último que quiero pedirle antes de que guarde este libro es que haga un viaje fantástico. Cuando lea las palabras siguientes, deje que su imaginación lo lleve por el recorrido que describe.

La caja secreta

Usted está en una pradera. Un hermoso lugar verde con pasto ondulante y un esparcimiento de flores coloreadas. El cielo es azul medio con solamente unas cuantas bocanadas de nubes blancas. Cierre los ojos un momento y configure esta escena en su imaginación. Cuando esté listo para proseguir, abra los ojos y continúe leyendo.

Camine por la pradera y llegue a un lago azul cristalino. Hay una pequeña playa de arena, así que quítese los zapatos y sienta la arena graneada, caliente por el brillo de la luz del Sol.

Camine por la playa hacia el agua y métase una corta distancia. Ahora puede sentir el frío del agua comparado con la tibieza de la arena. Es muy agradable. Si lo desea, cierre los ojos por un momento de nuevo y deje que su imaginación lo conduzca dentro de esta escena. Cuando esté listo para continuar, abra los ojos y siga leyendo.

Esta es la parte sorprendente. Usted camina dentro del agua un poco más lejos, sintiéndola llegar a sus rodillas, luego a su cintura. El fondo del lago es muy suave y arenoso sin rocas ni hierbas. Continúa caminando dentro del agua clara y fría hasta que ésta llega a su pecho, luego a su cuello.

Lo formidable de una fantasía es que no estamos limitados por las presiones habituales de nuestro mundo físico. Así que usted sigue caminando dentro del agua ¡hasta que esté bajo la superficie! Maravilla de maravillas, puede respirar el agua como si fuera aire, y usted no flota. Los paisajes que lo rodean son muy hermosos y usted se siente muy seguro y alborozado. El agua es fría y refrescante a su derredor, y como la respira sabe por qué los peces son tan energéticos. Usted puede querer dejar a un lado el libro por un momento de nuevo y cerrar los ojos para alcanzar todo el efecto. Cuando esté listo, continúe leyendo.

Conforme camina más profundamente, la luz va extinguiéndose, con excepción de un rayo de la luz del sol que atraviesa el agua en el centro del lago. Al acercarse a ese lugar, usted ve una cajita colocada en el arena. Tiene la forma de un cofrecito de pirata, está hecha en madera oscura y tiene una manija de bronce.

Toma la caja y la abre. La luz del rayo de sol ilumina el contenido y puede verlo claramente. Sabe qué hay en la caja. Cierre los ojos para que su imaginación pueda verlo más claramente. Cuando esté seguro de saber qué hay allí, abra los ojos y continúe leyendo.

Cierre la caja y llévela con usted fuera del agua, y alcance la orilla. Cuando camina hacia la pradera, aparece una figura. Es un hombre. Se dirige hacia usted. Aunque es un extraño, usted va hacia él. Le sonríe y usted sabe que no tiene nada qué temer.

Al acercarse al extraño se sorprende porque se siente completamente tranquilo. No dice nada y el hombre tampoco. Usted está de pie, muy cerca y solamente se miran a los ojos.

Sin decir una palabra, le tiende la caja y el hombre la toma. Durante un minuto se miran uno al otro, luego él inclina la cabeza, y usted se voltea y se aleja.

Camina de regreso a través de la pradera sintiendo el calor del sol sobre su espalda y una brisa agradable a su derredor. Camina más ligeramente, como no lo había hecho en mucho tiempo. En su interior sabe que la vida es realmente buena después de todo. Y usted está curado.

Cuando termine, guarde el libro. Levántese y camine alrededor durante uno o dos minutos. Observe cómo se siente un poco más ligero que cuando empezó a leer. Tiene un poco más de equilibrio en su vida.

Vivir después de la pérdida

Antes, sugerí que hablar con alguien que ya se ha recuperado del pesar era como hablar con un aventurero. Dije que aquellos quienes han vencido el pesar hablan más de lo que han encontrado que de lo perdido. Sus vidas reflejan los acontecimientos del pasado, pero se concentran en el futuro. La muerte y la pérdida no dominan sus pensamientos. Tienen una sensación de alegría más sólida que en la mayoría de nosotros porque saben que la vida no puede plantear algo que ellos no puedan manejar. Son personas compasivas. Tienen más paciencia que la mayoría de la gente. Tienen respeto por la vida y una profunda estimación por las relaciones humanas.

Mi esperanza y ruego es que cuando usted haya realizado su trayecto a través de su pesar, como lo ha hecho a través de este libro, otros pensarán que hablar con usted es como hacerlo con un aventurero.

Su vida después de la pérdida puede ser plena y recompensada.

Formando un Grupo de Apoyo

Formar un grupo de apoyo del pesar es algo bastante factible de realizar. A causa de que una pérdida importante es una experiencia humana universal, tendrá pocas dificultades en conseguir personas de su comunidad dispuestas a participar.

Una de sus primeras tareas será decidir en qué se concentrará el grupo. ¿Será únicamente para viudas y viudos? ¿O, también incluirá a aquellos que han perdido hijos, padres u otros seres queridos? ¿Se concentrará solamente en el pesar que sigue a la muerte? ¿Quiere dirigirse a las necesidades de las personas divorciadas? ¿Desea que el grupo se limite a las personas de su iglesia o vecindario?

Si usted va a ser quien forme el grupo, manifieste su situación personal y sus necesidades e inícielo a partir de eso.

Con toda seguridad una vez superada la nerviosidad inicial de las personas respecto a reunirse con extraños, encontrará una respuesta positiva.

miento no un sentimiento. Ese mal uso de la frase: *siento* ha creado un bloque para expresar nuestros sentimientos fácilmente.

La forma más simple para estar seguro que está describiendo sentimientos es preguntarse a sí mismo si al substituir la palabra *creo* por *siento* cambia el significado de lo que ha dicho. Si describe sentimientos, lo que dice no tendrá sentido con esta substitución.

Las siguientes palabras describen sentimientos. Cuando escriba en su diario o ejecute los distintos ejercicios de este libro, acuda con frecuencia a esta lista. Encuentre la mejor palabra para describir el sentimiento que intenta describir.

FELICIDAD	ENOJO	TRISTEZA
contento	ultrajado	huraño
relajado	irritado	desdichado
sereno	furioso	desolado
calmado	malhumorado	infeliz
alegre	molesto	lúgubre
encantado	emberrinchinado	melancólico
animado	encendido	afligido
festivo	agitado	desanimado
regocijado	enfurecido	deprimido
alborozado	iracundo	con murria
jubiloso	amargado	menguado
despreocupado	colérico	melancólico
festivo	airado	desamparado
extasiado	frustrado	abatido

MIEDO	TENSIÓN	DOLOR
miedoso	tenso	lastimado
trémulo	estirado	ofendido
aterrado	tirante	afligido
histérico	débil	adolorido
impactado	inmobilizado	destrozado
horrorizado	paralizado	torturado
nervioso	dilatado	apenado
atemorizado	hundido	sufrido
petrificado	jadeante	solitario
alarmado	sudoroso	angustiado
trágico	lento	frío

VALENTÍA	ANHELO	DUDA
animado	fascinado	incrédulo
confinado	creativo	sospechoso
seguro	ardiente	incierto
tranquilo	excitado	inconstante
audaz	astuto	desesperado
animoso	ávido	impotente
decidido	sincero	vacilante
orgulloso	intrigado	frustrado
atrevido	inquisitivo	pesimista

Intervención de la Nutrición en la Recuperación del Pesar

La intervención de la nutrición en la recuperación del pesar no tiene la atención que merece. Un equilibrio adecuado de los alimentos es crucial para mantener su salud durante el prolongado y tenso periodo que requiere trabajar a través de una pérdida importante.

Por ejemplo, si usted pierde o gana diez kilos en los meses siguientes a una pérdida, probablemente tendrá más problemas físicos y emocionales que si el cambio de su peso es de tres kilos o menos.

Algunos alimentos tienen un impacto positivo o negativo en los estados de ánimo. Algunos alimentos son útiles y proporcionan más energía, mejor destreza para vencer la fatiga o para pensar más claramente. Otros tienen un efecto tranquilizante, fomentan el sueño o disminuyen su sensibilidad al dolor.

Hay una diferencia en la clase de alimentos que usted come por la mañana, al mediodía y por la noche, y antes de ir a la cama.

Usted puede programar una noche de buen descanso o puede hacer casi imposible dormir bien por los alimentos que come y los líquidos que bebe.

Estudios realizados han demostrado que las personas acongojadas tienden a deshidratarse. Esta carencia del agua necesaria tiene múltiples efectos colaterales incluyendo la disminución de energía, el desequilibrio de los electrolitos y la inhibición de la eliminación de los desechos tóxicos naturales. Las bebidas que contienen cafeína o alcohol actúan como diuréticos y tienden a deshidratarlo más.

Los lineamientos siguientes están previstos para ayudarlo a establecer un patrón de alimentación que funcionará para usted en lugar de contra de usted. Para información y consejo adicionales consulte a su médico o nutriólogo.

1. Lo desee o no, coma en un horario regular.

2. Beba por lo menos un tercio más de *agua* que la que requiere su sed. Se recomienda: dos litros diarios.

3. Asegúrese de ingerir diariamente alimentos que incluyen los cuatro grupos de alimentación:

Productos lácteos - 2 porciones
Carne - 2 porciones
Fruta y verduras - 4 porciones
Granos en general - 4 porciones

4. Hacer pequeñas comidas con más frecuencia es preferible que omitir las comidas y después comer de una vez grandes cantidades de todo para intentar suplirlas. Comer con mayor frecuencia a un horario regular ayuda a controlar su nivel de azúcar en la sangre, el equilibrio energético y el peso.

5. Planifique sus comidas anticipadamente para asegurar un equilibrio de los grupos alimenticios y evite la comida chatarra o procesada.

6. El desayuno debe ser alto en proteínas y más bajo en carbohidratos. Cuando su ingestión proteínica es mayor que la de carbohidratos, su cuerpo tiende a producir

más substancias que son estimulantes naturales. Esto puede ayudar a disminuir la fatiga frecuentemente asociada al pesar.

Las proteínas incluyen carne, pescado, pollo y legumbres tales como frijoles de soya, nueces, mantequillas de cacahuate y semillas.

7. Al avanzar el día, la proporción de proteínas y carbohidratos debe nivelarse.

8. Los refrigerios nocturnos deben ser altos en carbohidratos compuestos (no azúcares) y más bajos en proteína. Cuando su ingestión en carbohidratos compuestos excede a las proteínas, su cuerpo tiende a producir substancias que tienen un efecto tranquilizante, disminuyen la sensibilidad al dolor y producen sueño.

Los carbohidratos incluyen pastas, frijoles, arroz, papas y verduras.

9. Conserve un registro semanal de lo que come cuando esté seguro de tener un equilibrio adecuado.

10. Siga el curso de su peso. Si empieza a cambiar notablemente consulte a su médico.

MENÚ DE MUESTRA

Desayuno: 1 o 2 huevos, 120 g. de jamón o pavo embutido, pan integral con margarina baja en calorías, un vaso pequeño de jugo de naranja. No más de una taza de café o té, a menos que esté descafeinado.

Refrigerio de media mañana: Nueces o semillas, queso y galletas, una manzana.

Comida: Un emparedado de atún en pan de caja o integral, uno o dos por ciento de queso tipo *cottage* (aderezo de frutas, opcional), ensalada verde con aderezo, fruta fresca o enlatada, una bebida sin alcohol y sin azúcar.

Refrigerio de la tarde: Fruta, verduras frescas y bebida.

Cena: Pollo asado (de preferencia carne blanca sin piel), una papa al horno, verduras frescas, pudín o gelatina de postre, café descafeinado o té.

Refrigerio nocturno: Un vaso con leche, nueces o semillas y una manzana.

Beba por lo menos un vaso de agua de un cuarto de litro en cada comida o refrigerio.

LISTA DE VERIFICACIÓN DE LA INGESTIÓN NUTRITIVA

Utilice esta gráfica para conservar el curso de su ingestión nutritiva.

Fecha _____

Agua consumida (en lts.)_____(meta: de un litro y medio a dos litros diarios)

Productos lácteos (2 porciones)_____

Carne (2 porciones, de doscientos a trescientos gramos) _____

Fruta (4 porciones) _____

Verduras (ilimitado) _____

Granos en general (4 porciones de pan, cereal o arroz) _____

Bebidas con cafeína _____

Bebidas con azúcar _____

Bebidas con alcohol _____

Postres _____

Su peso _____

Palabras que Describan Sentimientos

No es fácil expresar los sentimientos con palabras. La tarea es más difícil cuando nuestros sentimientos son muy fuertes, tanto positiva como negativamente. Comúnmente decimos:

—La puesta de sol era tan hermosa que no se puede expresar.

O:

—Te amo tanto que no encuentro palabras para expresarlo.

También decimos:

—No hay palabras para describir el dolor que siento a causa de su muerte.

Poder expresar nuestros sentimientos con palabras es importante aunque difícil. Si podemos describir nuestros sentimientos de pesar, es un acto curativo.

La razón principal que tenemos como problema para hablar de nuestros sentimientos es el lenguaje que empleamos. Habitualmente decimos: *siento,* cuando de hecho estamos diciendo: *creo.* Decimos: *siento que la mejor forma de hacer esto es...* Esa frase describe un pensa-

Para buscar los participantes para un grupo de apoyo son lugares adecuados las iglesias, sinagogas, clubes, organizaciones fraternales, sociedades escolares de padres de familia, y su propio círculo de amigos.

Hay varias formas para reunir un grupo. Las siguientes se han utilizado con mucho éxito:

* *Solicite a su ministro, sacerdote o rabino que inserte un anuncio en su boletín informativo, acerca de la formación de un grupo de apoyo. Pida que proporcionen sus nombres a las personas. Incluya su nombre y teléfono para mayor información*

* *Inserte un aviso en el boletín informativo de un club u organización fraternal. Ofrezca al grupo la opción de que se reúna en su casa, o que arreglará otro lugar*

* *Consulte con un psicólogo local la posibilidad de impartir una serie de seis a ocho sesiones acerca del pesar y de la pérdida. Con frecuencia un consejero o un psicólogo lo harán gratuitamente para obtener recomendados potenciales a futuro*

* *Hable con sus amigos acerca de reunirse a apoyarse entre sí en momentos de pérdida y para compartir experiencias pasadas*

* *Publique un aviso en su periódico local, o envíe volantes anunciando la formación del grupo a mercados, farmacias y otros lugares públicos*

Cualquiera que sea el acercamiento que escoja, sea específico acerca del propósito del grupo, el tiempo durante el que se reunirán, y el costo si fuera el caso.

Siempre es aconsejable indicar una fecha final en el inicio de la serie de reuniones. Esto anima a las personas a ser puntuales en su asistencia y proporciona una *válvula de escape* en el caso de que alguien tenga problemas emocionales demasiado severos para que los maneje el grupo.

Proporcione a cada participante un ejemplar de este libro para que lo utilice como guía.

Los grupos deben consistir en por lo menos cuatro personas, pero no más de diez sin un guía entrenado.

A menos que se cuente con un consejero, es importante que quien reunió al grupo dirija la primera serie de reuniones.

Si el grupo no está dirigido por un profesional entrenado, su propósito será diferente. *Las personas sin entrenamiento especializado no deben intentar proporcionar la terapia a los miembros del grupo.* Sin embargo es sumamente útil facilitar una instalación en donde las personas puedan compartir experiencias y sentimientos libremente y encuentren un conjunto de otras a quienes les importa.

Un formato de autoayuda solamente requiere que el guía comprenda los principios de la recuperación del pesar explicados en este libro.

Los principios fundamentales para un grupo de autodirección son éstos:

♣ *Los sentimientos no están ni bien ni mal. El guía debe aceptar tanto el enojo y la frustración como la esperanza y la alegría.*

♣ *Tarda mucho tiempo trabajar a través de la pérdida y del pesar. Revise los pasos de recuperación del pesar en el Capítulo Tres.*

Sesión uno

Cuando el grupo se reune por primera vez, esta sesión es de especial importancia. Las personas se sienten incómodas y nerviosas frecuentemente, respecto a lo que ocurrirá. Es importante que el guía establezca un ambiente de confianza relajada. Si no está presente un consejero profesional, existen varias formas para realizarlo:

* *Proporcione un ambiente familiar cómodo. Luces tenues (no en la oscuridad), sillas cómodas dispuestas en círculo, gafetes que sean fáciles de leer, y el aislamiento de otros ruidos confusos; todo esto ayuda a establecer la clase de instalación necesaria.*

* *No deben asistir niños porque distraen mucho. Su cuidado se proporciona en otro lugar*

* *Refrescos: si los hubiera, se restringirán a bebidas ligeras que se servirán hasta que termine la sesión. Las bebidas alcohólicas pueden causar problemas. Evítelas.*

* *En todas las sesiones debe haber por lo menos una caja de pañuelos desechables. (Desde que empieza la sesión coloco cinco cajas llenas que estén a la mano y deliberadamente dejo otra abierta sobre alguna mesa o en una silla vacía.)*

Empiece recordando a todos el propósito del grupo. Cada persona dará su nombre y dirá la causa por la cual vino al grupo. Todos describirán la pérdida que experimentaron, con todos los detalles que deseen. Anímelos a pronunciar el nombre de la persona fallecida o divorciada.

En este punto de la vida juntos del grupo es importante que los demás solamente escuchen y no se dará ningún consejo. Es común escuchar repetidamente:

—Creí que yo era el único que sentía de esa manera.

Ayuda si el guía llama la atención hacia el ámbito común de las experiencias del grupo.

La meta principal de la reunión es que las personas relaten su historia entre sí y saber que han sido escuchadas y comprendidas.

La sesión no debe prolongarse más de noventa minutos y debe terminar puntualmente. Acostumbre rezar al terminar como una opción personal. Si se acostumbra rezar, debe ser breve, aseverando y no *predicando*.

Es conveniente crear una matrícula y tener la lista impresa de los nombres, domicilios y números de teléfono a la disposición de todos los participantes para la segunda sesión.

Sesión dos

El ambiente se preparará como en la primera reunión.

♣   *Asegúrese que la caja de pañuelos esté visible y de fácil acceso*

♣   *Utilice los gafetes de nuevo previendo que los miembros del grupo no se reconozcan entre sí o si se incorporan nuevas personas*

Haga que cada miembro del grupo original se presente a sí mismo a los recién llegados relatándoles sus pérdidas brevemente. Después, las nuevas personas serán recibidas para que compartan sus historias.

Presente los *Cuatro hechos clave respecto al pesar* descritos en el Capítulo Cinco. Dura algún tiempo la discusión del grupo acerca de qué están experimentando cada uno de los miembros. ¡No se precipite! Puede dedicar toda la reunión solamente al primero: *La salida del pesar es a través de él, porque está allí no hay forma de evadirlo.*

Es muy posible que durante la discusión se derramen algunas lágrimas. Siempre es importante afirmar que el llanto es adecuado.

Si queda tiempo, pida a las personas que describan los problemas particulares que enfrentaron durante la última semana. Recuerde que en dónde están las personas en su proceso del pesar determinará la concentración de su participación.

Al terminar, pida a las personas que se identifiquen si están dispuestas a que las demás personas del grupo las llamen a sus domicilios. Pida a los miembros del grupo que inscriban una señal de estos nombres en su matrícula. El apoyo que algunas veces pueden darse los miembros del grupo entre sí de esta manera informal, haciendo contacto entre las sesiones, es tan útil como las reuniones. No es raro observar que se desarrollen amistades perdurables de esta forma.

Sesión tres

Empiece la sesión preguntando si algún miembro del grupo tiene algo que compartir con los demás. Puede haber una tendencia a desviarse hacia temas que no se relacionan directamente con la recuperación del pesar de los integrantes. Por ejemplo, si alguno está en la etapa de reclamar a los demás la pérdida, esa persona puede hablar demasiado tiempo acerca de otros temas en lugar de sus propios sentimientos. Si sucede esto, el guía tiene la tarea de regresar la atención de la conversación hacia la experiencia inmediata de los miembros del grupo.

Distribuya papel y lápices.

♣ *Indique al grupo que realice un diagrama de estados de ánimo durante el año anterior siguiendo las instrucciones de la página 97*

♣ *Indique la descripción de sus sentimientos en el momento, en términos de color, sabor, olor, tacto y sonido*

♣ *Indique a cada persona que escriba su respuesta a esta pregunta: Si pudiera cambiar una cosa en mi vida ahora mismo ¿cuál sería?*

Dé a todos el tiempo suficiente para ejecutar las indicaciones precedentes. Cuando estén anotadas todas las respuestas, dé algunas vueltas entre el grupo y comente una pregunta a la vez. Intente extender sentimientos y descripciones más detalladamente si alguien solamente indicó respuestas breves y superficiales.

Antes de terminar, adjudique a cada persona la siguiente "tarea":

* *Compre un bloc de taquigrafía y etiquételo como DIARIO.*

* *Registre de cada día de la semana siguiente:*
  Un acontecimiento significativo que ocurra.
  La persona más importante para mí en este día.
  Los sentimientos que más he observado en este día.
  Planes para mañana.

* *Al margen superior de la página se indicará la fecha y hora de las anotaciones*

* *Lleve el diario al grupo la semana siguiente*

Sesión cuatro

Empiece esta y todas las sesiones subsecuentes con la invitación para compartir las indicaciones de la sesión tres.

Pida la participación de la experiencia de las personas acerca de llevar un diario. Es muy común que algunos miembros del grupo *olvidaran* (reprimieran) la indicación o terminaran solamente una parte. Asegúreles que esto es correcto y que pueden intentar de nuevo.

Reuna a los que están dispuestos a compartir alguna parte de las anotaciones de su diario. Puede pedirles que escojan compartir las anotaciones de un día en especial.

Pida a los miembros del grupo que continúen escribiendo un diario para el equilibrio de las sesiones del grupo. Tendrían que añadir las siguientes anotaciones:

♣   *Cambios que observo me están ocurriendo.*

♣   *Anotaciones para mí mismo.*

Como el grupo está actuando con más participación personal, es normal que algunas personas manifiesten que están sintiéndose peor al final de la reunión que cuando llegaron. *Asegure a los participantes que esto es un indicio normal y significativo de superación.* No es una señal de retroceso, sino de progreso. No es algo negativo, sino algo necesario y positivo, aunque sea incómodo. Pasará y estarán sintiéndose mejor si continúan el proceso.

Si las personas se alejan en este momento, intente mantener contacto con ellas y ayúdeles a establecer alguna otra base de apoyo.

Si algún miembro del grupo parece manifestar síntomas de pesar deformado como se describe en las páginas 45-46, sugiera a esa persona buscar ayuda de un consejero profesional o de un psicólogo.

Cierre la sesión de la forma que sea más adecuada y efectiva para el grupo.

Sesión cinco

Después de cualquier participación abierta, revise los siguientes lineamientos para ejecutar el trabajo del pesar los cuales se describen con más detalle en el Capítulo Siete:

♣   *Crea que su pesar tiene un propósito y un fin*

♣   *Sea responsable del proceso de su propio pesar.*

♣ *No tema pedir ayuda*

♣ *No lo apresure*

Discuta cómo están experimentando los miembros del grupo cada uno de los lineamientos. ¿En dónde tienen más problemas? ¿En dónde parece que tienen un buen apoyo sobre su pesar?

Para terminar, conduzca al grupo a efectuar el ejercicio de Respiración 8-8-8 que empieza en la página 156. Repita varias veces la secuencia. Cuando termine con el ejercicio, unan las manos en un círculo y exprese a cada uno palabras de entusiasmo para la siguiente semana.

Sesión seis

Después de proporcionar una oportunidad para la participación abierta, pida al grupo que hable acerca de los aspectos negativos y positivos de la fe religiosa que han afectado su experiencia del pesar.

Son especialmente importantes los puntos de vista y los sentimientos que son reconocidos individualmente por las personas cuando se enfrentan al tema de la religión. Algunas personas están muy molestas con Dios. Algunas no pueden expresar ese enojo; otras lo niegan completamente. Otras pueden haber abandonado su fe como resultado de su pesar. Otras incluso considerarán que su fe es la base para intentar arreglar su vida de nuevo. Usted puede encontrar personas convencidas que Dios las está castigando. Otras pueden decirle que Dios se ha llevado a su ser querido. Cualesquiera que sean sus sentimientos, escuchar es lo más útil que puede hacer el grupo.

Evite entrar en discusiones filosóficas acerca de la presencia del mal en el mundo, de por qué ocurren cosas trágicas a gente buena, o si es Dios quien castiga a las personas a través de las experiencias del pesar.

Pida a los miembros del grupo que conserven su

participación personal y que acepten la de los demás, aun cuando sea muy distinta de su propia experiencia.

Al final de la sesión, efectúen el ejercicio de Respiración 8-8-8. Repita varias veces la secuencia. Si el grupo está de acuerdo, cierre la reunión uniendo las manos en un círculo y ofrezca una pequeña oración de agradecimiento. Yo pregunto directamente:

—¿Estarían más satisfechos si hacemos una oración antes de terminar? Encuentro que si se ha establecido un ambiente abierto y receptivo durante la sesión, las personas darán una respuesta sincera. Si algunos desean rezar y otros no, permita a quienes no acepten esta opción que se retiren. La oración sería breve, positiva y llena de esperanzas.

Recuerde a todos continuar escribiendo su diario bajo la base cotidiana. Si lo considera conveniente puede revisar las instrucciones de la Sesión tres.

Sesión siete

Empiece solicitando a las personas que compartan algo significativo de su diario escrito en la semana anterior. Después de que tuvieron la oportunidad de compartir, pregúnteles si alguno tuvo problemas con el olvido.

Puede estar seguro que muchos lo han experimentado. Después de una pérdida importante es común dejar las llaves encerradas en el automóvil, extraviar las llaves de la casa, olvidar citas, números de teléfono y los nombres de las personas. Asegure al grupo que esa conducta para muchas personas es un aspecto normal de la experiencia del pesar.

Anime a las personas a conservar un juego de llaves del automóvil en una caja magnética colocada bajo el guardafango o conservar una llave de la portezuela separada del resto de las llaves. Es buena idea entregar a un vecino de confianza un juego de llaves de la casa. Escribir hasta los números y domicilios que más utilicen y dejarlos en algún lugar visible.

Plantee estas preguntas adicionales:

♣   *¿Alguno de ustedes ha pensado si es el único en tener esa clase de problemas con el pesar?*

♣   *¿Encuentran que las tareas rutinarias son más difíciles?*

♣   *¿Ha creído alguna vez que se estaba volviendo loco?*

Encontrará que la mayoría de las personas del grupo han experimentado alguno o todos estos síntomas del pesar. Se conocen como *fragmentación* y son totalmente normales durante los primeros tres a seis meses después de una pérdida importante. Aquellos que han pasado esta etapa recordarán cuándo les ocurrió. He hablado con personas cuyas pérdidas tenían más de cinco años, y nunca comentaron con nadie sus síntomas de fragmentación. Con frecuencia ayuda a aligerar la carga pesada de los hombros de las personas acongojadas, simplemente hablando de estos síntomas y descubriendo que otras personas han experimentado algo similar.

Uno de los aspectos benéficos de esta participación es el vínculo común que se crea entre viudos y divorciados. Algunas veces, si en el mismo grupo hay personas viudas y divorciadas, puede haber cierta tensión entre ellas. Ejercicios como éste, ayudan a eliminar esta tensión concentrándose en las reacciones de pérdida y de pesar que son comunes a ambos.

Si el tiempo lo permite, después de la discusión acerca del olvido pida al grupo que hable acerca de cualesquiera problemas que tuvieron con personas no apesadumbradas. Este es otro tema que une a las personas apesadumbradas más estrechamente.

Indique al grupo que revise la sección referente al tema de los no apesadumbrados en las páginas 164-168.

Como tarea para la semana siguiente, pida al grupo se concentre en el perdón al escribir el diario cotidiano.

♣   *¿Quiénes necesitan su perdón por fallar al responder a sus pérdidas de una forma útil?*

♣   *¿Hay alguien a quien reclamen por sus pérdidas?*

♣   *¿Alguien necesita de su propio perdón?*

La participación acerca de este perdón iniciará la siguiente sesión del grupo.

Termine uniendo las manos en un círculo, haciendo que los miembros del grupo expresen la solidaridad que sienten con los demás como resultado de sus experiencias juntos durante las últimas seis semanas.

Sesión ocho

Inicie la sesión pidiendo al grupo que responda estas preguntas:

♣   *¿Quién fue una persona significativa en mi vida durante esta semana?*

♣   *¿Qué hizo esa persona por mí?*

Después que haya concluído esta participación, pregunte si alguien del grupo tiene problemas para dormir o despertar. (En este momento de la vida de su grupo, el tema de los problemas al dormir es posible que ya haya surgido.)

Solicite a las personas que compartan sus experiencias. Puede encontrar amplias variaciones entre las personas. Algunas no tendrán problemas de sueño o de cansancio. Otras tendrán problemas con ambos síntomas. Hay un gran valor de nuevo en que los participantes escuchen la experiencia de otras personas.

Este es un momento adecuado para revisar la información acerca de la nutrición que se proporciona en el Apéndice B. Lo que una persona come o bebe resultará muchas veces en más energía durante el día y mejor descanso durante la noche.

Relate al grupo la siguiente historia acerca de Hazel:

Después de su divorcio y de una cirugía subsecuente en una pierna lastimada como resultado de una caída, Hazel no podía dormir. Cada vez estaba más irritable, ejecutaba mal su trabajo y estaba aumentando de peso. Su pierna no estaba curada.

Llegó en busca de consejo y para descubrir qué estaba mal en su emotividad y en su espiritualidad. Unos minutos después de haber reunido la información, le pedí que me describiera la comida y bebida que consumía después de cenar, lo cual ingería habitualmente alrededor de las 6.00 p.m.

Hazel indicó que estaba más nerviosa cuando llegaba la noche. Primero sentía una vaga nerviosidad, pero después de no conciliar el sueño un par de veces, su nerviosidad se concentró en ese problema.

Empezó a hacer crucigramas desde las 9.00 p.m. para aligerar esta incomodidad. Mientras hacía los crucigramas, bebía chocolate caliente y comía galletas.

Sin darse cuenta de lo que estaba haciendo, Hazel estimulaba su cuerpo con azúcar y cafeína, mientras excitaba la parte analítica de su mente con los crucigramas. A causa de la actividad y de los alimentos ingeridos, no tenía posibilidad de conciliar el sueño durante varias horas.

Le sugerí cambiar el chocolate caliente por té de hierbas descafeinado y las galletas por verduras crudas o por un plato de avena con leche caliente. Le sugerí también que substituyera los crucigramas por un libro de poesía o de ilustraciones artísticas.

Hazel volvió a sus hábitos normales de sueño tres noches después. También consultó a un dietista de la localidad, cuyas referencias yo le proporcioné, para que le indicara los complejos vitamínicos adecuados. Poco tiempo después su pierna empezó a sanar.

Concentre el equilibrio de la participación en las respuestas de las personas acerca de la historia de Hazel y qué indican acerca de sus propias experiencias.

Con la tarea, indique a cada persona que prepare su propio calendario diario para la semana siguiente. Las horas del día se dividirán en tres secciones: mañana, tarde y noche. Indíqueles enlistar lo que planean hacer durante cada lapso para el día siguiente.

Ver en la página 159 el calendario para el horario nocturno después del momento normal de ir a la cama, que se enlistará con intervalos de media hora. Si no pueden dormir o despiertan a medianoche, enlistarán lo que realizarán cada media hora durante la noche hasta el momento de levantarse.

Sugiera enlistar las tareas que habitualmente no le agradan a cada persona y que casi siempre pospone su ejecución el mayor tiempo posible.

Se indicará este horario para cada día y se cumplirá lo más exactamente posible. Anuncie que la participación inicial de la Sesión nueve se concentrará en las experiencias de cada persona con el calendario semanal.

Termine con el grupo de la forma que más convenga a los participantes.

Sesión nueve

La primera orden del día para la sesión es que todos informen sus experiencias con el calendario diario. Tome el tiempo suficiente para que cada persona comparta sus éxitos o fracasos. Asegúreles que cualquier cosa que hubiera ocurrido, está bien y que pueden continuar utilizando el ejercicio durante todo el tiempo que deseen.

Distribuya una hoja de papel de un bloc de notas en blanco para cada persona. Dicte la siguiente declaración. Pida a cada persona que escriba mientras usted lee.

La tristeza que siento es una condecoración de honor. En este momento llevo con orgullo la desigualdad de mi vida. Estas expresiones de mi pesar atestiguan la importancia que tiene para mí (cada persona indicará el nombre de la persona, del lugar o de la situación que han perdido).

Estoy dispuesto a sentir todo el impacto de mi pesar como un acto final de tributo y amor. Seguiré mi trayecto a través de esta experiencia y no huiré de ella.

Firmado:

Antes de que alguna de las personas firme la declaración, tome tiempo para hablar acerca de cómo siente cada una de ellas al respecto. ¿En qué forma cada una considera su pesar como una condecoración de honor? ¿Qué sentimientos hacen que las personas firmen esta declaración?

Algunos miembros del grupo pueden desear hacer algún cambio en la declaración antes de firmarla. Permita que cualquiera de ellos realice cualesquiera cambios necesarios para que sea su auténtica declaración.

Cuando cada persona haya firmado la declaración, entonces colóquela en la pared pegada con cinta adhesiva, en donde esté visible. Ejecute esto para cada persona. Cuando cada una haya colocado su declaración pídales a todas que la lean en voz alta, incluyendo cualesquiera cambios efectuados.

Después que se hubieran colocado todas las declaraciones, tome tiempo para hablar de la experiencia.

La tarea designada para la semana siguiente es escribir cartas a y del pesar de cada persona. En la página 163 encontrará una amplia descripción de este ejercicio.

Termine con el grupo indicando a todos que recojan su declaración de la pared, la apilen sobre una silla y la rodeen con las manos juntas. Todos hagan una breve oración o alguna aseveración respecto a lo que representan las declaraciones.

Sesión diez

Empiece la sesión oportunamente para iniciar la participación acerca de los acontecimientos significativos de la semana.

Pida a las personas la información de sus experiencias al escribir a y de su pesar. Quienes hubieran traído sus cartas pueden leerlas al grupo.

Es importante apoyar a quien fue capaz de llevar a cabo la tarea. No es raro que algunos no puedan enfrentarla en este momento. Si usted apoya la experiencia de todos, puede continuar una valiosa discusión referente a ella, escriban o no las cartas.

Hable acerca de lo que sintieron las personas cuando escribieron las cartas o por qué no pudieron escribirla o cualquiera de los dos casos.

Cuando todos hubieran participado, haga que el grupo deje a un lado todo lo que estén sosteniendo. Indíqueles que el ejercicio siguiente es de relajamiento en consideración a su intenso trabajo.

Todos tomarán una postura cómoda con lo pies extendidos sobre el piso, los brazos y las manos en el regazo y los ojos cerrados. Empiece con algunas repeticiones del ejercicio de Respiración 8-8-8.

Lea en voz alta el ejercicio que empieza en la página 181 titulado *Haciendo la paz con el pesar.* Su tono de voz debe ser suave y tranquilo pero fácil de escuchar. Si no se acomoda leyendo el monólogo, solicite que alguien más lo grabe en una cinta y reprodúzcala para el grupo.

Cuando terminen el ejercicio, tome tiempo para hablar de las experiencias individuales al respecto. Recuerde que ninguna respuesta es *la correcta.* Cualquiera que sea la reacción de las personas es válida para ellas y reflejará su propia personalidad y etapa del pesar.

Como designación para la tarea, solicite al grupo que conserve una anotación diaria de los alimentos que ingieren, utilizando la lista de verificación que aparece en el Apéndice B. Deben traer consigo estas anotaciones a la Sesión once.

Termine la sesión de la forma que más convenga a su grupo.

Sesión once

Cuando inicie la sesión, recuerde al grupo que solamente se reunirá con usted en una sesión más. Pida a las personas que hablen acerca de sus impresiones más importantes del pesar y de la pérdida hasta este momento. ¿Qué desea cada persona que el grupo escuche antes de separarse? Recuerde que usted como guía tendría que estar listo para intervenir en las impresiones de la pérdida durante esta penúltima sesión del grupo. Estas impresiones también se comentarán libremente.

Llame la atención del grupo hacia el material que aparece en el Apéndice B sobre la intervención de la nutrición en la recuperación del pesar. Indique a cada persona del grupo que comente su anotación diaria de los alimentos que ingirió durante la semana anterior. ¿Todos llevaron las anotaciones? Si no fuera así, ¿por qué no? Si las llevaron, ¿qué aprendieron acerca de cada resistencia y debilidad nutritivas?

Sería realmente positivo si lograra la asistencia de un dietista a esta parte de la sesión.

En seguida, comente lo que está haciendo cada persona del grupo en el área de la aptitud física. Una caminata rápida de sólo cuarenta y cinco minutos puede ser espléndida para levantar los espíritus y disipar la depresión. Anime a que todos se hagan un examen físico en caso de que aún no lo hubieran hecho desde su pérdida. Esto es importante, sobre todo para quienes han pasado de cuatro a seis meses de experiencia de una pérdida importante.

Cualquier programa de ejercicio y aptitud debería realizarse con la anuencia y dirección del médico de cada persona.

Termine la sesión de la forma que más convenga a su grupo.

Sesión doce

Planee algún refrigerio especial para el final de la sesión. Antes que se despidan las personas esto permite un poco de tiempo de confraternidad e interacción entre ellas.

Inicie la sesión recordando a todos que ésta es la última reunión. Indíqueles compartir lo que han obtenido de las sesiones y cómo se sienten respecto a su final.

En la mayoría de los casos algunos miembros del grupo desearán continuar reuniéndose. Antes de esta sesión usted decidirá si desea o no continuar con el grupo o como su guía. Recuerde que en cualquier caso lo mejor es tomar un breve descanso de por lo menos una semana antes de continuar.

Otra decisión que frecuentemente debe tomarse es si se reciben o no miembros nuevos en el grupo. Recuerde que los recién llegados no tendrán la práctica de los ejercicios y experiencias de los miembros *veteranos* del grupo. En la mayoría de los casos, a menos que un guía entrenado esté a cargo, creo que es mejor ya sea que se disperse el grupo e iniciar todo de nuevo o crear un segundo grupo de recién llegados y continuar con los miembros del grupo original que desearan continuar reuniéndose.

Es muy importante que ninguno del grupo actual se sienta presionado para continuar.

Después que todos han participado en el tema abierto, indique al grupo realizar el ejercicio de la página 188 titulado *Mejor amigo - Peor enemigo.* Comparta con cada uno los resultados del ejercicio.

Termine la sesión y la serie ejecutando el ejercicio de la página 202 titulado *La caja secreta.* Sería mejor que usted lo narre a que el grupo lo lea individualmente.

Cuando terminen el ejercicio reuna al grupo en un círculo y exprese a cada uno su agradecimiento por el apoyo y atención hacia los demás. Termine con una breve oración u otra declaración positiva.

Para Ulterior Lectura

Buscaglia, Leo *The Fall of Freddie the Leaf*, Charles B. Slack, Inc., 1982.

Cain, Albert (Ed.) *Survivors of Suicide*, C.C. Thomas, 1972.

Clinebell, Howard *Growth Counseling for Mid-Years Couples*, Fortress Press, 1977.

Colgrove, Melba; Bloomfield, Harold; McWilliams, Peter *How to Survive the Loss of a Love*, Bantam, 1981.

Davidson, Glen W. *Understanding Mourning*, Augsburg, 1984.

Donnelley, Nina H. *I Never Know What to Say, How to help your family and friends cope with tragedy*, Ballantine, 1987.

Ginsburg, Genevieve *To Live Again*, Jeremy P. Tarcher, Inc., 1987.

Greteman, Jim *Coping With Divorce, From Grief to Healing*, Ave Maria Press, 1981.

Grollman, Earl *Explaining Death to Children*, Beacon Press, 1967.

_____*Living When a Loved One Has Died*, Beacon Press, 1977.

_____*What Helped Me When My Loved Ones Died*, Beacon Press, 1982.

_____*Time Remembered*, Beacon Press, 1987.

Jackson, Edgar *The Many Faces of Grief*, Abingdon, 1972.

_____*Understanding Grief*, Abingdon, 1957.

Krantzler, Mel *Creative Divorce*, Signet Books, 1974.

Kübler-Ross, Elisabeth *On Death and Dying*, MacMillan, 1969.

_____*Living With Death and Dying*, MacMillan, 1982.

_____*Questions and Answers on Death and Dying*, MacMillan, 1974.

_____*On Children and Death*, MacMillan, 1985.

Kushner, Harold S. *When Bad Things Happen to Good People*, Schocken Books, 1981.

Lindemann, Erich *Beyond Grief: Studies in Crisis Intervention*, Aronson, 1979.

Lewis, C.S. *A Grief Observed*, Bantam, 1976.

Lynch, James *The Broken Heart: The Medical Consequences of Loneliness*, Basic Books, 1977.

Manning, Doug *Comforting Those Who Grieve*, Harper & Row, 1985.

_____*Don't Take My Grief Away: What to do When You Lose a Loved One*, Harper & Row, 1984.

Mitchell, Kenneth, Anderson, Herbert *All Our Losses, All Our Griefs: Resources for Pastoral Care*, Westminster Press, 1983.

Nouwen, Henri *A Letter of Consolation*, Harper & Row, 1982.

O'Connor, Nancy *Letting Go With Love: The Grieving Process*, La Mariposa Press, 1984.

Phipps, William *Death: Confronting the Reality*, John Knox, Press, 1987.

Price, Eugenia *Getting Through the Night: Finding Your Way After the Loss of a Loved One*, Walker & Co., 1985

Schiff, Harriett *Living Through Mourning*, Viking, 1986.

Smoke, Jim *Suddenly Single*, Revell, 1982.

Spiegel, Yorick *The Grief Process: Analysis and Counselling*, Abingdon, 1977.

Stearns, Ann *Living Through Personal Crisis*, Ballantine, 1984.

Sullender, R. Scott *Grief and Growth*, Paulist Press, 1985.

Thielicke, Helmut *Living With Death*, Eerdmans, 1983.

Viorst, Judith *Necessary Losses*, Simon & Schuster, 1986.

Westburg, Granger *Good Grief* Fortress, 1962.

Worden, J. William *Grief Counselling and Grief Therapy*, Springer Publishing, 1982.

Wylie, Betty Jane *Survival Guide for Widows*, Ballantine, 1982.

Índice